Christian Scheurer

Wünsche wirklich wollen

W0048287

Christian Scheurer

WÜNSCHE

wirklich WOLLEN

Mythos und Praxis

|||||||||||||||||||||||||||||||||||| SILBERSCHNUR ❧ VERLAG

Copyright © 2014 Verlag »Die Silberschnur« GmbH

ISBN: 978-3-89845-446-9

1. Auflage 2014

Gestaltung & Satz: XPresentation, Güllesheim
Umschlaggestaltung: XPresentation, Güllesheim; unter Verwendung eines Motivs von
© Natalia Merzlyakova, www.fotolia.de
Druck: Finidr, s.r.o. Cesky Tesin

Verlag »Die Silberschnur« GmbH
Steinstraße 1 · D-56593 Güllesheim
www.silberschnur.de · E-Mail: info@silberschnur.de

Inhalt

Vorwort

Wir Menschen haben viele Wünsche. Und wir möchten diese auch "er-leben". Also geben wir - bewusst oder meist unbewusst - "Bestellungen" auf. Das heißt: Wir wünschen uns "vom Himmel", "vom Schicksal" oder ohne konkreten Adressaten etwas, wollen Dinge, Dienstleistungen oder alltägliche Erlebnisse erfahren, die uns guttun. Oft funktionieren *diese* Bestellungen auch - vor allem, wenn sie KLEIN sind oder für uns, die wir als BE-STELLER auftreten, einfach nicht wichtig waren ...

Eines aber habe ich festgestellt: Viele Menschen weltweit wollen gern eine Auslieferungsgarantie für ihre Bestellungen. Aber genau die bekommen sie nicht, und sie können sich nicht erklären, warum es nicht funktioniert. Das machte mich neugierig, und eine innere Stimme riet mir: "Sag den Menschen, auf was sie bei diesen Bestellungen achten und was sie berücksichtigen müssen."

Genau genommen fing alles 2007 an, als ich mich mit "Bestellungen" beschäftigte. In diesem Jahr änderte sich meine körpereigene Energie, und dieser Entwicklungsgang hielt bis 2009 an. Meine innere Stimme wurde immer deutlicher und lauter, meine Gefühle und Ahnungen wurden immer stärker - dies wurde so intensiv, dass ich inzwischen weiß, was in anderen Menschen vorgeht; ich verstehe deren inneren Code. Ich verstand damals allerdings noch nicht, dass dies eine Wende in meinem Leben einleiten sollte, die auch dafür sorgen würde, dass ich dieses Buch schrieb.

Was ich damals noch nicht wusste: Wir, du und ich, speichern Meinungen und Ansagen unserer Eltern, also Glaubenssätze, aus unserer Kindheit in uns ab - und wir denken, es seien unsere eigenen! Dieser Prozess kann unterschiedlich stark sein. Die Folge aber ist stets die gleiche: Wir strahlen diese Glaubenssätze ständig aus (einmal pro Sekunde gehen sie rund um die Welt). Daraufhin erhalten wir entsprechende Reaktionen, parallel zu den Gedanken und Gefühlen des Lebens.

Beispiele für solche (meist negativen) Glaubenssätze kennst du zur Genüge, beispielsweise: "Wenn du dich nicht endlich in der Schule anstrengst, wird nie was aus dir!" - "Wenn die nächste Note keine 2 ist, bekommst du Hausarrest!" Du verinnerlichst also schon als Kind schnell: Wenn ich nichts leiste, bin ich nichts wert. Du hast zu funktionieren, und das bedeutet für dich: Du wirst ständig die Erfahrung in deinem Leben machen, dass Liebe mit Leistung gekoppelt ist!

Meine Kindheit war interessant. Aber sie war zuweilen auch sehr hart. Und ich bekam Glaubenssätze eingetrichtert, die nicht meine waren. Deshalb konnten sie mich auch nicht fördern, aber das wussten meine Eltern natürlich nicht. Letzten Endes wurde mir das Leistungs- und Gehorsamsprinzip "beigebracht": Wann immer ich FUNKTIONIERTE, bekam ich Aufmerksamkeit ... und Liebe. Dieses Muster findet man im Übrigen bei allen Burn-out-Patienten oder Menschen, die entsprechende Symptome aufweisen!

Im Jahre 2008 und 2009 behandelte mich eine Heilpraktikerin - und zwar nur mittels "geistiger Energie". Ich litt damals an Ischias- und ähnlich netten Beschwerden. Sie sagte mir auf den Kopf zu, welche Probleme ich in der Kindheit gehabt hatte - davon hatte ich ihr vorher aber nichts erzählt. Die Partnerinnen, die ich bisher angezogen hatte, wurden mir von ihr ebenso genau beschrieben ... obwohl ich seit meinem 22. Lebensjahr jedem und allem vergeben hatte. Das dachte ich zumindest. Also, schloss ich damals, muss es in unserem Körper eine Art "Speicher" geben, der zum Beispiel solche Informationen wie eine PC-Festplatte sichert und unaufhörlich aussendet! Davon hatte ich noch in keinem Buch gelesen. Ich hatte auch noch nie davon gehört.

Das andere Thema war: Warum können einige Menschen einen bestimmten Gegenstand oder ein Erlebnis "anziehen", die anderen aber nicht oder nur eingeschränkt? Das war wirklich interessant. Obwohl ich schon damals wusste, dass man "bestellen" kann – und dieses Erbitten vom Universum auch gewünscht ist. Leider wird dieser Fakt in unserer Gesellschaft überhaupt nicht berücksichtigt. Wir alle werden ja von Medien oder Regierungen beziehungsweise von großen Unternehmen wie Unternehmensberatungsfirmen quasi "vertreten". Diese Strukturen drücken uns ihre VERSTANDES-Meinungen auf, die wir BLIND übernehmen. Kein Wunder, dass die wahren Tatsachen überhaupt nicht berücksichtigt, ja sogar totgeschwiegen werden. In den Alltag integriert wird dieser wichtige Umstand natürlich ebenso wenig.

Von 2004 bis 2006 hatte ich den Auftrag, als leitender Berater im Baumanagement für das Unternehmen BUGATTI, das dem VW-Konzern gehört, die Zentrale neu und Teile umzubauen. Ich sollte dabei mein Wissen über Feng-Shui einbringen. Ich wurde gefragt, wieso ich den Auftrag bekommen hatte – obwohl es doch so viele konventionelle Architekten vor Ort gab. Die Antwort: Bevor ich diesen Auftrag bekam, hatte ich schon sieben weitere Unternehmen angeschrieben. Kurz vorher hatte ich zudem einen Teich vor meinem Haus angelegt: Wasser steht für Energie, die fließt. Dazu gehört Geld, aber auch Liebe. Das war der Grund!

Damals hatte ich Wissen mit eingebracht (soweit man mir dafür freie Hand ließ), wie sich ein hohes Maß an Vitalität in den Räumen und im Grundstück realisieren lässt. Während dieser Arbeit habe ich erlebt, wie man Dinge "anzieht" – und zwar desto erfolgreicher, je vitaler und lockerer die Umgebung war! Das gilt auch für die Munterkeit der Handwerker und diverser Dienstleister. So bestand ich darauf, dass die Arbeiter fröhlich und relaxt waren; wenn nicht, habe ich sie auf ihre Kosten zu ihrem Arbeitgeber geschickt.

Probleme lösten sich teilweise von selbst. Oder ich wusste einfach, wann die Lösungen eintreffen würden – das hat uns allen gefallen. Nach anfänglicher Skepsis. Die Arbeiten gingen allen leichter von der Hand, der Zusammenhalt war enorm und die Vorschläge zur Lösung auftretender Probleme waren manchmal unglaublich, aber immer perfekt für den Bau.

Damals konnte ich mit meinem Bauleiter Ronald schön beobachten, dass begeisternde Gefühle enorme Leistungsfortschritte auslösen – statt Defizite. Die ausführenden Firmen waren überhaupt nicht daran gewöhnt, dass sie ihre Meinung und Lösungsvorschläge einbringen konnten und sollten. Die Abschlussprüfung ergab keine Fehler – im Baugewerbe eine extreme Seltenheit.

Doch dann kam bei mir eine Zeit der Krankheit und des scheinbaren Neuanfangs. Warum wurde mein Energiesystem geändert? Welchen Zweck sollte dies haben? Schließlich war ich war über ein Jahr in Behandlung und musste mich drei Operationen unterziehen. Mir wurde klar: Es geht im Leben leichter und erfolgreicher voran, wenn man auf seine innere Stimme hört. Wenn man Wünsche "ab-gibt" in dem klaren Vertrauen, dass sie erfüllt werden! Und Spaß und Freude kommen dann auch nicht zu kurz.

Krankheiten sind auch eine Phase der Einkehr sowie der Richtungsänderung. Trotzdem fragte ich mich: Warum das alles? Schließlich war ich über ein Jahr in Behandlung und musste mich drei Operationen unterziehen. Die Antworten bekam ich später. Du wirst solche oder ähnliche Erfahrungen vermeiden können, wenn du mein Buch gelesen hast!

All diese Erfahrungen der letzten Jahre haben mich gelehrt, dass unser Leben mit einem bestimmten Mechanismus verknüpft ist. Der wirkt immer. Egal, ob wir uns dessen bewusst sind oder nicht! Das Leben liefert immer nach unserem "wirklichen" Glauben und unseren Überzeugungen, die wir mit unseren Gefühlen kundtun. Was heißt das? Nun, immer wenn wir "fühlen", schwingen wir, geben also Schwingungen ab und verbinden uns mit dem Leben, dem Universum, mit Gott (nenne es, wie es für dich stimmig ist). Das Leben vermehrt dann IMMER das, was wir als Gefühl ausgestrahlt haben.

Mir wurde klar, dass dies ein Mechanismus ist, der so präzise wie ein Uhrwerk abläuft und einem mathematischen Gesetz gleichkommt: "Egal, was du fühlst: Genau jene Lösung, die mit diesem Gefühl verbunden ist, wird dir geliefert!" Wenn also Gefühle geliefert werden - dann möchten wir natürlich nur gute, begeisternde, herzliche Gefühle erleben, nicht wahr? Das Leben soll ja Freude und Spaß bereiten. Doch oft sieht es anders aus. Aber wenn es dieses mathematische Gesetz gibt und wenn es bei den negativen Gefühlen in unserem Leben bereits wirkt, dann gilt es auch für die angenehme, positive, unbeschwerte Richtung! Und genau damit beschäftigt sich dieses Buch.

Wie ziehen wir diese Wünsche erfolgreich in unser Leben, die wir wollen, die uns guttun? Indem wir Spaß haben und Freude ausstrahlen? Klar, das Leben soll Spaß machen. Aber: Was ist Spaß? Dürfen wir immer Spaß haben? Die Schule und auch unser Elternhaus haben uns schließlich auch Leidensfähigkeit und Folgsamkeit beigebracht. Und: Unter welchen Voraussetzungen klappen die BESTELLUNGEN IMMER? Wann gibt es Einschränkungen?

Und warum? In diesem Buch erfährst du alles, was das Leben mir an Wissen zu diesem Thema geliefert hat.

Eine Astrologin, die mir "per Zufall" über den Weg lief, fragte mich übrigens als Erstes, ob ich mein Buch bereits geschrieben habe. Wenn nicht, würde ich echte Probleme bekommen. Dazu musst du wissen, dass meine Umsätze einige Monate vorher zurückgegangen waren, was ich mir überhaupt nicht erklären konnte. Da sie nicht wissen konnte, dass meine Kassenlage bedrohlich wurde, welche Krankheiten ich bereits hinter mir hatte und sie mir diese Beschwerden quasi als nette Zusammenfassung für die Zukunft "in Aussicht" stellte, bedurfte es keiner weiteren Worte, um dieses Buch zu schreiben.

Es gibt also eine Kraft, die uns führt und lenkt. Je eher wir diese Kraft akzeptieren,
- desto leichter wird unser Leben sein und
- desto mehr fühlen wir uns beschützt und geleitet.

Zwischenzeitlich sind viele Bücher auf dem Markt erschienen, die sich damit beschäftigen, das sogenannte "Manifestieren" oder Bestellen von Wünschen zu erklären und aufzuzeigen. Viele Menschen haben aber trotz der teilweise guten Darstellungen eben keine oder nicht die gewünschten Erfolge beim "Bestellen" gehabt. WARUM? Gibt es etwa noch etwas, das man wissen sollte? In der Tat! Ich habe erfahren, warum Bestellungen nicht "ausgeliefert" werden, auch wenn scheinbar alles "richtig" gemacht wurde. Eines war mir klar:

Der Verstand ist wie ein Soldat, der Befehle ausführt und im Alltag auf sich alleine gestellt ist.

Das Gefühl ist die Kraft, die strategisch und magnetisch (also anziehend!) wirkt und uns alle verbindet, eben durch die Schwingungen.

Doch was ist mit den Gebäuden und den Grundstücken? Auch Immobilien sind Körper und geben Schwingungen ab - teilweise sogar stärker, als manchem lieb ist. Und wo Schwingungen sind, werden Informationen ausgestrahlt.

Welche Einflüsse haben unsere Eltern, Großeltern, Erzieher und Lehrer auf unsere Programmierung?

Welche Informationen haben wir von unseren Ahnen gespeichert? Wie wirken sie in uns und wie beeinflussen sie uns?

All diese Informationen sind in uns gespeichert und wirken, doch wir können sie ändern, annehmen, korrigieren - wie wir es brauchen. Karma (also so etwas wie ein festgelegtes Schicksal) gibt es nicht. Wohl aber, sagen wir mal, Päckchen, die ich BONUS und MALUS nenne. Wenn man dies aber nicht weiß oder akzeptiert, werden Ereignisse, die wir erleben, als "SCHICKSAL" empfunden. Doch glaube mir: Es gibt vieles auf dieser Erde, aber garantiert **kein** Schicksal.

Also habe ich bestellt und manifestiert - dies hat auch oft geklappt wie aus dem Lehrbuch. Und damit selbst die großen Wünsche eintreffen, habe ich all die Widerstände beseitigen lassen, von denen ich euch berichten werde.

Egal, wo ihr steht und woher ihr kommt: Ihr könnt alles haben, was ihr wirklich wollt! WIRKLICH ALLES!

Ich werde dir ganz genau zeigen, ...

... was du tun musst, um deine Wünsche erfolgreich in dein Leben zu ziehen.

... welche Problemfelder es hierbei geben könnte und wie diese aufgelöst werden, damit wirklich nichts mehr zwischen dir und deinen Wünschen steht.

... wie deine Wünsche ganz schnell geliefert werden, nämlich wenn du deine LEBENSAUFGABE lebst!

Aber damit nicht genug: Während ich dieses Buch abfasste, habe ich mich, unter tatkräftiger Unterstützung eines befreundeten Unternehmers, an den Kern der Seele gewagt. Denn ich weiß schon lange, dass es ein körpereigenes System gibt, das uns auf Kommando das Glücksgefühl schenkt. Dieses Gefühl, nach dem wir uns so stark und dauerhaft sehnen, ist in der Tat abrufbar und die eigentliche Krönung dieses Buches!

Die Aussage so vieler Menschen, dass die Seele (also der Mensch) durch das Feuer muss, um lernen zu können, stimmt eben nicht. Im Gegenteil, wir sollen glücklich und fröhlich sein. Wenn wir diese Überzeugung in uns verankert haben, werden wir richtig agieren und den Himmel auf Erden erleben, also in uns haben.

Ich freue mich auf eure Reaktionen, Fragen und Antworten und Geschichten, wenn eure Wünsche eingetroffen sind. Sollte es haken, schreibt mir bitte auch - ich melde mich gerne!

Ganz wichtig - ob du sagst: "Das kann nicht klappen!" Oder: "Ich weiß einfach, dass es funktioniert!" Denke daran: Du hast immer Recht! Also, lass den zweifelnden Verstand außen vor. Nimm beim Lesen einfach an, dass das Wissen so stimmt. Lass dich ganz darauf ein - du wirst dich angenehm "wundern", was dir so alles an Schönem "GELIEFERT" wird.

Viel Spaß beim Lesen, Anwenden und Genießen!

Christian Scheurer
Enjoy and Create Your Life with Success / ECOLIE

Hinweis zu diesem Buch:

Dieses Buch ist ein Grundlagenwerk. Oder nenne es Standardwerk. In jedem Fall soll es dir helfen,

- dein Leben so angenehm wie möglich zu führen,
- Wünsche und Lösungen in allen Lebensbereichen sicher anzuziehen,
- Fehlbereiche im Kindesalter aufzuzeigen, die das Leben als Erwachsener erschweren, um dann sichere Lösungen herbeizuführen,
- dich aus schwierigen emotionalen Situationen schnell in eine gute Verfassung zu bringen,
- ein gutes und erfolgreiches Auftreten in der Öffentlichkeit zu haben,
- deine Lebensaufgabe zu finden und zu erkennen.

Ich habe mich deshalb auf die Essenz aller Themen konzentriert, um dir, dem Leser,

- einen guten Überblick beziehungsweise eine klare Orientierung und
- eine schnelle Hilfe sowie
- diverse Anwendungsmöglichkeiten zu bieten.

Sicherlich hätte man zu jedem Thema noch Dutzende bis Hunderte von Seiten schreiben können, doch hätte dabei die "Gefahr" bestanden, dass du dich mehr mit dem Lesen als mit dem Anwenden beschäftigst. Von dem Zeitaufwand für einen solchen "Roman" ganz zu schweigen.

In meinen Seminaren, Workshops und Internetmitteilungen haben wir ausreichend Zeit, dir mehr Wissen und Erläuterungen aller Art praktisch und authentisch zu vermitteln. Doch hier hat eines Priorität: die Vermittlung von Grundlagen. Sie sollen dir schnell, klar und verständlich Wissen vermitteln. Dieses Wissen hilft dir, das Manifestieren von Wünschen und das Anziehen von Glück, Liebe und Freude zu erlernen.

So, und jetzt wünsche ich dir viel Spaß, Freude, aber auch klare Erkenntnisse und Umsetzungsmöglichkeiten mit diesem Buch!

Kapitel 1

Das Leben

Es ist einer dieser herrlichen Sommertage, die man gerne am See mit Freunden verbringt. Aber ebenso gerne auch alleine ... Die Sonne lacht, die Vögel zwitschern und die Menschen strahlen, sind vergnügt, freundlich und zuvorkommend. Du relaxt am Strand, liest ein Buch oder eine Zeitung und genießt das Leben. Es wird Zeit, ins Wasser zu gehen. Du genießt dieses Prickeln und hast das Gefühl: "Bitte, bitte, lieber Gott, lass so mein Leben sein. Bis zum Ende meiner Tage!"

Du hast sicherlich schon vom positiven Denken gelesen oder gehört. Dr. Joseph Murphy und andere haben sich eingehend damit beschäftigt. Es fällt dir auch überhaupt nicht schwer, an diesem Tag alles positiv zu sehen. Du bist verständnisvoll, wenn dich der Ball einer Gruppe spielender Jungen trifft. Du hilfst einer älteren Dame, wenn sie vor dir auf dem Weg etwas verloren hat. Und du lächelst Familien zu, die sich mit ihren Kleinkindern beschäftigen.

An so einem Tag hast du Vorstellungen und Wünsche, die einfach so kommen und denen du dich gerne hingibst. Du denkst an einen Freund oder eine Freundin und wünschst dir, dich mit ihm oder ihr zu treffen und gemeinsam einen schönen Abend zu erleben. Und – da ruft er oder sie an! Jetzt bist du völlig aus dem Häuschen. Du redest, lachst und stellst dir nach einigen Vorschlägen genau vor, was ihr tun werdet. Die Vorfreude ist die schönste Freude – da ist mehr dran, als manche wahrhaben wollen. Ihr beschließt, euch abends gegen 18 Uhr in der Stammkneipe zu treffen; später wollt ihr auf die Party eines Freundes. Vorher wird noch ein anderer Freund abgeholt, den du allerdings noch nicht kennst.

Du freust dich und genießt den Nachmittag am Strand. Gegen 17 Uhr packst du deine Sachen und gehst nach Hause. Dort erwartet dich dein Vater. Er krittelt, dass du deine Sachen immer herumliegen lässt. Nicht laut. Aber seine Mimik ist dir wohlbekannt – es nervt einfach nur, und du merkst, dass sich dein Magen zusammenzieht.

Du gehst auf dein Zimmer, duschst und ziehst dich um. Du freust dich zwar, aber irgendwie hat dich das Nörgeln deines Vaters etwas runtergeholt. Doch was soll's? Der Abend wird gut! Tschüss und weg. Du vergisst das "Gespräch" und triffst dich mit deinem Kumpel. Das macht so richtig Spaß.

Nach einer Stunde und zwei Runden Cocktails fahrt ihr zu dem Bekannten deines Freundes, der schon auf euch wartet. Es ist ein schönes Haus, ein herrlicher Garten, Blumen rechts und links vom Eingang. Ihr geht rein, ein herzlicher Empfang – aber irgendetwas gefällt dir da nicht, obwohl der erste Eindruck doch recht ordentlich ist ... Hm, warum hast du da nur so ein komisches Gefühl? Der Magen zieht sich merkwürdig zusammen. Du bist froh, als ihr draußen seid.

Ihr fahrt zur Party und erlebt einen schönen, lustigen und flirtigen Abend. Du hast dir ausgemalt, wie du mit einer hübschen Brünetten tanzt – und tatsächlich: Es hat sich auch so ergeben.

Am nächsten Morgen, du bist erst gegen 6 Uhr nach Hause gekommen. Die Eltern sitzen am Tisch und wirken irgendwie verspannt. Du sollst erzählen, wie es war, aber du hast gar keine

Lust. Logischerweise fallen deine Kommentare eher knapp aus, und deine Eltern mäkeln an dir herum.

Es stinkt dir, und du stehst auf. Du bist schlecht drauf und rufst eine Freundin an, um dich mit ihr zu treffen. Doch die hat auch einen schlechten Vormittag erlebt. Sie hat einen Tonfall drauf, als müsstest du dich sogar dafür entschuldigen, überhaupt angerufen zu haben. - An diesem Tag läuft einfach nichts rund, und du hörst Musik, aber genervt und irgendwie traurig.

Sicherlich hast du so etwas auch schon erlebt. Vielleicht sogar häufiger. Und ob das zu Hause bei den Eltern oder in einer Beziehung stattfindet - es kommt aufs Gleiche raus. Nur, was hat das mit der "Erfüllung unserer Wünsche" zu tun?

Als Kind haben wir das gemacht, was unsere Eltern, manchmal auch Großeltern wollten. Wir haben zugehört und zugeschaut und deren Informationen - ungefiltert - übernommen.

Jetzt musst du wissen, dass es eine Kraft in uns gibt, die alles, aber auch wirklich alles, abspeichert, was in unserem Leben passiert. Wie eine Art Festplattenrekorder für alle Sinneseindrücke und Gedanken - auch wenn du dich im Einzelnen nicht mehr daran erinnern kannst. Diese Kraft ist dein UNTERBEWUSST-SEIN. Es sorgt dafür, dass alle Informationen, die du abgespeichert hast, immer wieder an die Oberfläche kommen können. Oft ist es uns gar nicht bewusst, warum und wieso. Und was noch viel interessanter ist: Wir strahlen Informationen über uns aus, auch wenn unser Verstand dies gar nicht weiß oder akzeptieren will.

Nun, wir hatten als Kind zu gehorchen. Und anfänglich war das sicherlich auch überlebenswichtig. Stell dir nur vor, wenn du über die vielbefahrene Straße gerannt wärst ... Nur - du wirst größer. Und du möchtest die Welt entdecken - das ist natürlich und auch so gewollt. Aber Eltern vergessen, dass sie nur eine Art

Ausbilder sind. Und kein General. Sie haben einfach nicht das Recht, ihre Kinder, sprich Soldaten, zu unter- oder ihnen ihre Meinung aufzudrücken. Sie tun es dennoch.

Da du lernst, dass du zu gehorchen hast, da es im anderen Fall laut wird und Strafen verhängt werden, wirst du diese Erfahrungen nicht mehr vergessen: Du fängst an zu - funktionieren. Gleichzeitig lernst du, dass du "Fehler" machst und für sie bestraft wirst - mit der Folge, dass dein persönlicher Wert, dein Selbstwert, fällt.

Diese Einschätzung, die sich ganz langsam in dir festsetzt, aber dafür scheinbar unauslöschlich abgespeichert bleibt, wirst du immer stärker ausstrahlen - wie ein Leuchtturm:

- Ich bin nicht liebenswert!
- Ich bin schuldig!
- Ich bin unfähig, gute Noten zu schreiben!
- Ich werde nicht respektiert!

Hinzu kommt, dass wir uns im Laufe der Zeit auch noch selbst kritisieren:

- Ach, bin ich blöd! (Du hast einen Fehler gemacht und es erkannt.)
- Zum Glück hat den Müll von mir keiner gesehen!
- Heute sehe ich aber bescheiden aus - hoffentlich sieht mich bloß keiner!

Stell dir mal vor, solche MUSTER sind extrem stark in dir "eingebrannt", dir quasi "eingeprägt" worden. So stark, dass sie dich während deines weiteren Lebens begleiten (wie die DNA deines Körpers, die dich einzigartig macht). Diese Muster sitzen nicht nur in den Körperzellen fest; sie "verstecken" sich auch hinter Knochen, etwa denen der Wirbelsäule. Solche Muster prägen uns in unserem Verhalten, aber sie prägen auch das, was wir ständig von und über uns "ausstrahlen!" Doch leider: Uns ist diese unsichtbare Ausstrahlung nicht bewusst.

Wenn du also "nicht liebenswert bist", "suchst" du dir Umstände und Menschen "aus", die dich genau so behandeln – damit bekommst du das Gefühl, dass mit dir etwas nicht stimmt. Und bist natürlich traurig, was die Situation noch verschärft. Zum Glück gilt das nicht für alle Lebenssituationen, und man bekommt dennoch immer wieder Unterstützung. Doch die Frage stellt sich natürlich: Warum ist das so? Wie intensiv sind diese belastenden Phasen?

Bereits in der Schule werden Kinder gemobbt und geschlagen. Niemand nennt offiziell eine Antwort auf die Frage, warum das so ist. Dabei gibt es durchaus Erklärungen hierzu. Wie die wohl aussehen? Denk mal an den "unsichtbaren Leuchtturm" – und welche (Fehl-)Handlungen er auslösen kann. Doch was noch viel wichtiger ist: Diese Situation ist umkehrbar! Ja, ich zeige dir ganz genau, was zu tun ist. Dafür müssen wir eine Änderung deiner inneren Programmierung vornehmen. Es muss dir einfach klar sein: Sind diese Muster tief in dir drin, kann es sein, dass deine Wünsche nicht in Erfüllung gehen. Oder erst spät. Vor allem wenn dir diese Wünsche wichtig sind. Aber das hat NICHTS mit deinen Qualitäten zu tun. HÖRE ZU: DU BIST O.K.!

Übrigens: Oft sind Krankheiten, vor allem schwere, eine Folge solcher Erfahrungen – etwa der Erfahrung, dass du nicht liebenswert bist oder ganz früh die Entscheidung getroffen hast (natürlich unbewusst), das Leben abzulehnen. Meist leben diese Menschen zudem auf sogenannten "geopathischen Störfeldern", die das Immunsystem nachhaltig negativ beeinflussen und das Energiesystem herunterfahren, was, grob gesagt, Stress in allen Lebenssituationen bedeutet! Doch: Das Leben, das ist Freude, hohe Energie, Gesundheit, Lachen ... Hohe Energie, das ist ständiger Geldzufluss, genussvolle und regelmäßige Sexualität und Nähe zu anderen Menschen, vor allem zu offenherzigen und zulassenden!

Was Eltern leider meist nicht wissen: LIEBE ist das Wichtigste im Leben! Keinesfalls aber unbedingter Gehorsam, gute Noten und viel Lernen sowie Zuarbeiten im Haushalt. Damit ich richtig verstanden werde: Natürlich sind Mitarbeit im Haushalt und das Lernen in der Schule wichtig - aber nicht als Ausdruck von Macht, um die Kleinen, sprich Kinder, zu "Funktionsmaschinen" zu verbiegen. Wenn Macht ausgeübt wird, lernen die Kinder automatisch das Gefühl und das Erlebnis von Ohnmacht! Und was das Kind über Jahre lernt, wird es im Erwachsenenleben als Spiegel wieder und wieder erleben - und das sind Dauerschmerzen, Misserfolg und Frust am Leben!

DESHALB: ÄNDERE DEIN LEBEN, ÄNDERE DEINE PROGRAMMIERUNG - JETZT!

Wie du weißt, wirken unter der Erde gigantische Kräfte, die sich von Zeit zu Zeit als Erdbeben, Vulkanausbruch (wie der auf Island im April 2010, der den Flugverkehr in Europa für fünf Tage lahmlegte), Absenkung der Erde (passierte 2008 in Nordrhein-Westfalen), Tsunami und so weiter entladen. Was viele Menschen aber noch gar nicht realisiert haben, ist die Wirkung dieser Kräfte in Form von Wasseradern, Schwarzen Strömen, Erdverwerfungen - und dem Speichern von Informationen.

Wusstest du schon, dass auf dem Platz, wo das World Trade Center stand, vor gut 150 Jahren über 100.000 Indianer von den Weißen geradezu abgeschlachtet wurden? Diese negative Energie hat buchstäblich den Boden für den Angriff auf die Zwillingstürme bereitet; auf diesem Platz wurden nach 9/11 wieder Hunderte Menschen umgebracht und der Wiederaufbau verzögerte sich extrem. Es erscheint fast unwirklich.

Diese Kräfte wirken entgegen der Erdanziehung und belasten unser Zell- und Immunsystem, so dass manche Menschen schlecht in den Schlaf finden, unkonzentriert am Arbeitsplatz sind, durch Aggressivität auffallen und leichter krank werden beziehungsweise länger zur Erholung brauchen. Du wirst später sehen, was mit der Lieferung deiner Wünsche passiert, wenn es uns schlecht geht. Es ist daher sehr wichtig, diese Kräfte zu lokalisieren und sich gegen sie zu schützen.

Das Verrückte ist, dass das alles noch nicht in unserer Gesellschaft angekommen ist – als Wissen. Die Folge: Man kennt diese Phänomene nicht. Oder es müssen erst wieder wissenschaftliche Untersuchungen her. So lange werden Milliarden an Euro verschleudert, denn immerhin verringert sich die Arbeitskraft. Arbeitsergebnisse fallen schlechter aus. Es kommt zu Krankheiten und in der Folge zu Produktionsausfall und steigenden Krankheitskosten. Nicht zuletzt wird das Lebensgefühl mehr oder weniger nachhaltig getrübt. Auch das Bestellen von Wünschen wird oftmals wieder nicht klappen – aber all das muss nicht sein.

Du bestellst wie ein Wilder, wenn du dieses Buch studiert hast. Du brauchst "nach der Lieferung" niemandem zu sagen, warum es bei dir so gut läuft. Du hast einfach das Wissen genutzt. Der Gewinner ist gegenüber dem Verlierer insofern im Vorteil, dass er die Chancen nutzt. Problemen indes schenkt er nicht ständig Aufmerksamkeit.

Leistungssportler sehen vor ihrem geistigen Auge das Ziel und trainieren darauf hin. Sie hören das Gejohle der Zuschauer, sie spüren das Glücksgefühl des Sieges und fühlen Form und Material des Pokals. Spüre auch du das Leben, die Freude, das schöne Gefühl, die Nähe zu Menschen und so weiter. Du hast das Recht, alles zu erleben und zu tun, wonach dir ist – vor allem in deiner Vorstellung. Das ist so ungeheuer wichtig, dass ich darauf später noch genauer eingehen werde. Mach es wie die Sportler - stell dir vor, was du gerne hättest, und fühl dich rein. Mit Haut und Haaren. Sorge aber dafür, dass deine Umgebung rein von Belastungen ist - hole dir notfalls professionelle Hilfe!

Für das Bestellen von Wünschen musst du aber noch etwas anderes Wichtiges beachten. Dieser Faktor kann die Bestellung erheblich beeinflussen: die Form eines Grundstückes und eines Hauses sowie dessen Materialien! Alle Materialien und die Art, wie sie zusammengestellt sind und eine Form bilden, geben Schwingungen ab. Diese Schwingungen "verstehen" und speichern unsere Körperzellen. Nach geraumer Zeit fangen wir an, uns diesen Informationen zu beugen. Wir werden dadurch beeinflusst.

Nach dem "Prinzip der Resonanz" und dem universellen Gesetz, das besagt, dass wir alle miteinander verbunden sind, wird eines verständlich: Auch unser Haus oder unsere Wohnung prägt uns nachhaltig.

Selbst wenn es dir jetzt noch etwas schwerfällt, dies hinzunehmen - tu in diesem Augenblick einfach einmal so als ob. Glaubst du, dass es für dein Leben einen Unterschied darstellt, ob der Eingang zu deinen vier Wänden eng und klein ist oder groß und weit, warm und hell? Und ob! Hier werden Informationen von außen in dein Energiesystem eingegeben und verarbeitet. Dieser unbewusste Einfluss beschert dir Erlebnisse, die du gar nicht bewusst bestellt hast. Deshalb nenne ich sie PASSIVE BESTELLUNG. - Das Thema HAUS ist ebenso umfassend wie interessant. Ich habe ihm hier ein eigenes Kapitel gewidmet.

Das, was das Leben beweglich macht, ist Energie. Stell dir diese Energie wie eine Wolke vor. Diese Wolke kommt überwiegend da rein, wo du dein Haus betrittst; normalerweise ist das der Hauseingang. Es sei denn, du kommst durch die Garage oder über die Terrassentür ins Haus. Was, wenn du ins Haus kommst und vor dir bereits die Terrasse siehst? Diese Wolke aus Energie wird diesen Weg nehmen und durch das Glas ins Freie entweichen. Das bedeutet, du hast "etwas" gesehen, aber es nicht halten können – und so wird es dir in diesem Haus immer wieder passieren. Anders gesagt: Man sieht die Gelegenheiten, kann sie aber selten nutzen. Oder nur mit erhöhtem Kraftaufwand. Wie sich das auf deine Bestellung und Lieferung von Wünschen auswirkt, wirst du später lesen – freu dich darauf.

Der Energie ist es egal, wie stark sie ist und wohin sie gelenkt wird. Deshalb ist es wichtig, dass du erfährst, wie du richtig und professionell bestellst. Damit dein Verstand aber zustimmen kann, bedarf es einiger Erläuterungen. Die aber sind so interessant und spannend, dass du Freude beim Lesen haben wirst!

Kapitel 2

Das Unterbewusstsein

Unser Gehirn besteht aus zwei Teilen:
- dem Bewusstsein, dem Verstand,
- dem Unterbewusstsein, der Lenk- und Schaltzentrale.

Der Verstand ist der Teil, der analysiert, festlegt und die Kommandos gibt; ihm ist auch der Wille zugeordnet. Und einen Willen zu haben ist wichtig. Nur so kannst du ein Ziel überhaupt erreichen.

Das Unterbewusstsein ist eine Lenk- und Schaltzentrale, die dafür sorgt, dass dein gesamtes körperliches System rund um die Uhr funktioniert. Auch während des Schlafens.

Es kann aber noch viel, viel mehr. Es funktioniert wie ein Computer mit einer unvorstellbaren Speicher- und Arbeitsleistung. Und dieser Computer hat die Kraft, alles zu ändern und dir das zu bringen, was du dir wünschst. Darauf gehe ich später noch genauer ein.

Nun, zunächst geben wir deinem Verstand noch etwas zu tun: Unser Leben basiert unter anderem auf den Erkenntnissen der Physik, die ständig weiterentwickelt wird. Und die Physik sagt: Um einen Gegenstand zu bewegen, wird Energie benötigt. Wobei die Energie im Kosmos, also auch bei uns, NIE verloren geht. Sie wird nur von einem Zustand in einen anderen umgewandelt. Doch warum muss man Energie aufwenden? Um einen Körper in eine andere, in eine gewünschte Lage zu bringen. Dabei brauche ich diese Kraft, um Widerstand zu überwinden. Wir haben

gelernt, dass man den Kraftaufwand zwar minimieren kann –
Kraft muss ich aber dennoch aufwenden.

Wir alle sind mal zur Schule gegangen. Diese Zeit hat uns "gelehrt", dass alles nur mit Leistung veränderbar ist. Die Frage ist
nur: Was ist Leistung? Ist für eine Lageveränderung immer ein bestimmter Kraftaufwand notwendig? Es geht also immer um Span-
nung und Entspannung, um Mann und Frau, um Tag und Nacht,
um Lachen und Weinen. Hier wirken das Gesetz der Anziehung
und das der Abstoßung. Gewinner werden immer versuchen, die
Kräfte der Anziehung so zu mobilisieren und zu verstärken, so
dass sie dem Abstoßenden in jedem Fall überlegen sind.

Bereits sichtbare Materialien werden mit Energie bewegt. Denk
nur an Erdbeben und Tsunamis, um einmal extrem starke Kräfte
anzuführen. Aber auch Lebensfaktoren wie Geld beziehungsweise
Finanzen sind derselben Gesetzmäßigkeit unterworfen. Diese Tatsache gilt selbstverständlich für all deine Lebensbereiche. Ich
werde dir noch sehr detailliert zeigen, wie du die anziehenden
Kräfte auf das Geld, die Partnerschaft, die Gesundheit und so
weiter wirken lassen kannst, damit sie zu dir kommen. Du hast
finanzielle Schwierigkeiten? Mit der hier gezeigten Methode, die
du verinnerlichen wirst, wird Geld kein Problem mehr sein. Du
wirst deine Wünsche wie ein Magnet anziehen und real vor dir
sehen. Du wirst das Gewünschte in dein Leben ziehen, wie der
Fischer seinen Fang ins Boot zieht. Wenn du dir diese Methode
aneignest, wirst du über all das verfügen, was du möchtest! Hinzu
kommt, dass du sehen wirst, wie du diese Methode sogar noch
vereinfachen kannst. Vielleicht nimmst du auch beide Methoden,
je nach Sachlage. Aber du bekommst, wonach du dich sehnst!

Das musst du nicht blind glauben. Die Wissenschaft ist seit
geraumer Zeit in der Lage, alles nachzuweisen, wovon ich dir hier

berichte. Sie hat entsprechende Beobachtungen im menschlichen Körper gemacht. Ganz besonders im Gehirn. Keine Sorge! Ich werde dir die Zusammenhänge auf sehr einfache, leicht verständliche Art erläutern. Dann werde ich dir die Anleitung geben, die du benötigst, um mit Leichtigkeit und Gelassenheit sowie Zielklarheit deine Wünsche anzuziehen und zu leben! Letzteres nennt man übrigens "MANIFESTIEREN". In "Manifestieren" sind die Wörter "anvertrauen", "zeigen", "offenbaren" und "dispensieren", also "befreien", enthalten.

Du könntest dir also wünschen und sagen: "Ich manifestiere mir ein Monatseinkommen von 20.000 Euro!" Oder: "Ich genieße es, ein Monatseinkommen von 20.000 Euro zu haben!" Unglaublich, meinst du? Aber es funktioniert! Warum, das wirst du im Laufe des Lesens erfahren. Es ist relativ einfach und macht Spaß, "es" anzuwenden. Aber: Du musst es TUN. Das klingt banal, ist aber wichtig. Sehr wichtig. Ob du es glaubst oder nicht: Die meisten Menschen stecken deshalb in der Klemme, weil sie sich nicht aufraffen können, etwas kontinuierlich zu tun. Selbst das Wünschen macht "Arbeit".

Das erste Buch, das bezüglich des Themas "Reichtum und Karriere" als empirisch bezeichnet werden kann, stammt von dem Autor Napoleon Hill: "Denke nach und werde reich!" Hier wird gezeigt, wie die Gesetzmäßigkeiten des Unterbewusstseins unmittelbar auf unser Leben einwirken. Wenn du diese verinnerlicht hast, bist du bald in der Lage, deine beruflichen Ziele zu erreichen, deinen Wünschen Leben einzuhauchen und deinen Geldfluss dauerhaft zu aktivieren, damit du dir all das zulegen kannst, was du haben möchtest (sofern es deinem Wohl dient und niemand anderem schadet).

Sicherlich hast du schon gehört, dass es Menschen gibt, die auf ihre innere Stimme hören. Diesen inneren Sprecher nennt

man auch INTUITION. Die Intuition ist die Kommunikationsleitung deines Unterbewusstseins. Sie verfügt über alle Informationen der Vergangenheit, der Gegenwart und der nahen Zukunft.
Wir lernen in den meisten Fällen schon von früh auf, auf unseren
Verstand zu hören. Wer hingegen auf seine innere Stimme hörte,
wurde noch vor kurzer Zeit herzlich belächelt. Und noch heute
wird das Wissen um die Kraft der Intuition in den oberen Etagen
der Wirtschaft oder der Politik nur halbherzig angenommen.
Wenn überhaupt. Dabei stellte man schon in den 80er-Jahren bei
amerikanischen Führungskräften etwas unerhört Aufwühlendes
fest. Denn welche Manager waren die erfolgreichsten? Die, die
auf ihre innere Stimme hörten und die Kommunikation in ihrem
Umfeld förderten.

Das Unterbewusstsein ist ein "Computer" mit einer unendlichen Leistungskapazität. Das Wort "unendlich" klingt fast etwas
abgedroschen. Aber nimm einfach hin, dass es unmöglich für
dich ist, dir die Möglichkeiten des Unterbewusstseins auch nur
annähernd vorzustellen. Ebenso unmöglich, wie sich die Ausdeh-
nung unseres physikalischen Universums begreiflich zu machen.
Niemand bekommt diese schwindelerregenden 13 Milliarden
Lichtjahre als reale Vorstellung in seinen Kopf. Sogar Astronomen
kapitulieren hier kläglich. Ebenso wenig klappt das mit den Di-
mensionen deines Unterbewusstseins.

Nimm es also einfach hin:
- Es kann alles.
- Es sieht alles.
- Es hat immer die besten Losungen für uns.
- Es hilft uns bei der Entwicklung von Erfindungen.
- Es fördert stets unser Leben zu unserem Besten - in allen
Angelegenheiten.

EINES MACHT ES ABER NICHT:

Ohne unsere Aufforderung wird es nichts tun, was über den geregelten Ablauf unseres Körpers hinausgeht. Das Unterbewusstsein wird uns aber schützen wollen, wenn Gefahr droht. Doch dazu müssen wir seine Sprache verstehen können.

Es ist eigentlich ganz einfach, mit seinem Unterbewusstsein in Kontakt zu treten: Zieh dich für eine halbe Stunde zurück. Sorge für absolute Stille. Dann sage dir in völliger Entspannung (denn nur in solch einem Zustand kannst du die Botschaften wahrnehmen, da sie sehr leise sind): "Die unendliche Weisheit meines Unterbewusstseins weiß alles, sieht alles, schützt mich allzeit, führt mich immer zu meinem Besten und kennt immerzu die besten Lösungen zu allen Fragen und Anliegen, die ich habe. Ich danke dafür, dass sie mir ständig und überall zur Verfügung steht und ich die Sprache sowie Mitteilungen immer besser verstehe. Danke!" Und jetzt bringe ich meine Anliegen vor. So, als stände mir ein Mensch gegenüber.

Ich möchte dir noch eine weitere Information geben: Das Bewusstsein nimmt über deine Augen und die anderen Sinnesorgane Informationen auf, die vom Unterbewusstsein komplett abgespeichert werden. Am Tag nimmt dein Kopf Millionen von Sinneseindrücken wahr. Dein Verstand kann diese Flut unmöglich verarbeiten. Deshalb schaltet er bei vielen Vorgängen ab. Er verfügt über so eine Art Filter, den du dir durch deine oder die von außen akzeptierten Glaubenssätze aufgebaut hast. Deshalb nimmst du bestimmte Dinge gar nicht bewusst wahr, obwohl deine Sinnesorgane diese direkt an dein Unterbewusstsein geliefert haben. – Mach dir einmal Gedanken über blaue BMWs vom Typ 7er. Stell dir ganz intensiv vor, dass du so ein Auto haben willst. Du wirst dich wundern, wie viele Exemplare genau dieses Autotyps dir plötzlich Tag für Tag überall begegnen.

Du kannst übrigens den Filter verändern. Und zwar zu deinem Vorteil. Dazu musst du deine Glaubenssätze oder Affirmationen gezielt abwandeln und neu programmieren. Das ist einfach. Du musst diesen Vorgang nur eine gewisse Zeit lang in deinen Tag integrieren; wir kommen darauf noch zu sprechen. Es ist übrigens der einzige kleine Aufwand, den du hast.

Das Bewusstsein führt alltägliche Dinge aus: Rechnen, Schreiben, Lesen, Hören, Analysieren, Lösungen suchen und so weiter. Es nimmt Eindrücke und Bilder auf und will sie zuordnen, um sie in der Großhirnrinde festzuhalten. Das Unterbewusstsein wird dann diese Gesamteindrücke erhalten, verarbeiten und ablegen. Das Gehirn ist in der Lage, im Millisekundenbereich Informationen, Erlebnisse oder Erfahrungen aus dem Unterbewusstsein abzurufen und zuzuordnen. So können wir Auto fahren, ohne die einzelnen Vorgänge bewusst vornehmen zu müssen. Wir konzentrieren uns einfach auf den Verkehr. Dabei beobachten, schalten, bremsen und beschleunigen wir völlig unbewusst.

Das Bewusstsein oder das Gehirn braucht aber Ruhephasen und wird während des Schlafens auf ein Leistungsminimum heruntergefahren, damit du dich erholen kannst. Das Unterbewusstsein ruht hingegen nie. Wo wir eben von Autos sprachen: Es läuft und läuft und läuft. Ohne Ende. Das Unterbewusstsein meißelt zudem alles in Stein, was dir zu Ohren oder zu Gesicht kommt. Gleiches gilt für andere Sinneseindrücke. Pass daher auf, über was du dich mit wem unterhältst oder welche Informationen du dir anhörst. Es ist sicherlich nicht ratsam, über andere negativ zu sprechen – das landet im Speicher. Oder sich Kriegsfilme anzusehen – das landet im Speicher. Oder Negativnachrichten zu konsumieren – das landet im Speicher. Wobei diese Speicherfreude des Unterbewusstseins vielleicht kein Problem wäre – wenn dieser Mental-Content nicht irgendwann wieder an die "Oberfläche" käme.

Diese Speicherinhalte ...

... prägen dein Verhalten.

... senden dir ein Erlebnis als "Spiegel", das heißt Aggressivität durch zum Beispiel Filme, PlayStation-Spiele oder entsprechende Gespräche mit anderen Menschen.

... können dich entweder zu aggressivem Verhalten verführen oder verleiten beziehungsweise dir Umstände "schicken", in denen du Opfer von Aggressivität wirst. Dabei genügt es ja schon, dass jemand Schlechtes über dich in Umlauf bringt, du Schwierigkeiten mit einem Kollegen bekommst oder Streit in der Familie erlebst.

Der Hintergrund: Das Unterbewusstsein kann nicht unterscheiden, was gut und was schlecht ist. Auch die Begriffe "nein, keiner, niemals" kann es nicht abspeichern. Weshalb Aussagen wie "Ich möchte niemals wieder so etwas erleben!" kontraproduktiv sind. So lautet der Satz mit Wirkung für die Zukunft: "Ich möchte wieder so etwas erleben!"

Wir werden später sehen, dass die genaue Formulierung von allem, was du denkst (das ist nonverbal und damit geistig gesprochen) oder sprichst (verbal und damit laut gesprochen), überaus wichtig ist. Geradezu extrem wichtig! Es wird deine Aufgabe sein, genau darauf zu achten, was du denkst und sprichst. Dies bedeutet auch aufzupassen, mit wem du dich umgibst. Denn Kommentare aus deiner unmittelbaren Umwelt beeinflussen dich unbewusst auch. (Das Unbewusste speichert solche Kommentare auch ab!)

MERKE: GEDANKENHYGIENE ist wichtig, wenn du angenehme Erlebnisse in dein Leben ziehen möchtest!

Wie alles im Leben sollte man dies trainieren, also anwenden und wiederholen. Durch die ständige Wiederholung, positive Sätze zu sprechen und zu denken, wirst du schnell merken, welchen Vorteil du damit in dein Leben gezogen hast und ziehst (und wie viel verbaler Müll so jeden Tag von den Menschen produziert wird). Schreibe dir ein Schild und hänge es sichtbar auf! Lege dir einen Notizzettel in deinen Geldbeutel, in deine Tasche und so weiter – und schreibe darauf: "Ich spreche jetzt nur noch positive und bejahende Sätze, um schöne Erlebnisse in mein Leben zu ziehen."

Bitte sprich mit niemandem darüber, wenn du dich neu programmierst und deine Wünsche "aufgibst". Deine Mitmenschen neigen dazu, deine Verbesserungen zu blockieren, um dich ja nicht in deine neue "Komfortzone" gehen zu lassen – dir könnte es ja besser gehen als ihnen. Wenn du deine Pläne offenlegst, könntest du nämlich anfangen, dem Kollektivdruck nachzugeben. Und schon bleibst du im gewohnten Sumpf stecken.

Auch das ist einfach faszinierend: Das Unterbewusstsein hat sogar die Erfahrungen der gesamten menschlichen Vergangenheit eingespeichert. Und zwar über die Gene deiner Vorfahren, die du weitervererbt bekommen hast. So verfügt es über Informationen, die deinem Verstand völlig unbekannt sind.

In diesem Buch wirst du erfahren, WIE du dein Unterbewusstsein RICHTIG einsetzt,
- um negative in positive Bilder umzutauschen.
- um an Informationen zu kommen, die du benötigst.
- um deine innersten Wünsche REAL zu erleben.
- um deine Selbstheilungskräfte zu aktivieren.
- um deiner "INNEREN STIMME" Gelegenheit zu geben, mit dir zu kommunizieren.
- damit du all das, was du willst, auch bekommst. (Lies diesen Satz ruhig noch einige Male, denn genau so meine ich es auch!)

Übrigens, die schnellste Methode, um Erfolg zu haben, wird dich wahrscheinlich überraschen: Wünsche anderen Menschen Erfolg in jedem Lebensbereich! Stell ihn dir vor. Denke darüber nach. Und freu dich für sie, als hättest du diesen Erfolg! Es gibt eine Wohlstandsregel, die möchte ich dir hier schon mitteilen:

Beherzige das Prinzip des Magnetismus:

- "Ich schenke Zeit – und mir wird Zeit geschenkt."
- "Ich gebe Produkte her – und ich erhalte Produkte."
- "Ich gebe Liebe her – und ich werde geliebt."
- "Ich gebe Geld her – und ich werde Geld erhalten."

Gib von Herzen – sei nicht kleinlich. Gib aus der Fülle heraus! Gib, ohne vom Empfänger eine Gegenleistung zu erwarten; aber erwarte (vom Universum, Gott, Allah – wie immer du magst) eine Gegenleistung aus anderen Quellen. Verpflichte dich, etwas zu geben, und zwar mit ganzem Herzen – sei es Zeit, Geld, Informationen oder Liebe!

Kapitel 3

Die Schalt- und Erfüllungszentralen HERZ und GEHIRN

Amerikaner und Russen erforschen seit den 90er-Jahren die Wirkungsweise des Gehirns. Zudem sahen sie sich die Meridiane an, also die Energiebahnen, die die alten Chinesen entdeckt haben, und sie analysierten alle anderen Organe, die mit dem Gehirn kommunizieren. Fantastische Forschungsarbeiten hat auch der Neurobiologe Bruce Lipton vorgelegt. Er hat beschrieben, was auf molekularer Ebene vor sich geht. Genau genommen müssen ebenso die Ergebnisse asiatischer Forscher herangezogen werden, ebenso Resultate aus Hunderten von Jahren, in denen vor allem Chinesen bahnbrechende Entdeckungen gemacht haben. All das hat die westliche Zivilisation nie anerkannt und sogar verleugnet. In diesem Kapitel halte ich mich an Aussagen von Bruce Lipton, der schreibt, dass die westliche "Gesundheitslehre" im Grunde auf der sehr alten Newtonschen Physik beruht.

Niemand aus unserem Kulturkreis hatte Heilungen, die zum Beispiel auf Akupunktur, Chiropraktik oder rituelle Gebete zurückgehen, anerkannt und nach der Ursache geforscht. Ganz im Gegenteil: Alle Fälle wurden als Scharlatanerie abgestempelt. Warum? Die Pharmaindustrie, ein wichtiger Wirtschaftszweig, würde mit rein geistig wirkenden Heilmitteln keinen Cent verdienen. Und dabei gibt sie doch noch heute viel Geld für die

Forschung nach chemischen Heilmitteln und die Ausbildung der angehenden Ärzte aus.

Die Asiaten, viele Naturvölker und einzelne westliche Ärzte, die auch die "andere" Kunst erlernt haben, gehen von anderen Grundlagen aus. Sie verweisen auf Energiefelder, die den Menschen heilen und in ihm besondere Kräfte freisetzen können.

Ich möchte an dieser Stelle erwähnen, dass das ZDF im Sommer 2005 eine spektakuläre Dokumentation zeigte: Ein Mensch wurde darin am offenen Herzen operiert – nur mit Akupunkturnadeln betäubt. Anschließend wurde er dann wieder genäht. Der Patient konnte sich relativ schnell von der OP erholen. Die Kamera war bei der OP die ganze Zeit dabei, ebenso zwei Chefärzte aus deutschen Kliniken. So etwas ist in unserem Kulturkreis undenkbar.

Es grenzt schon an ein Wunder, dass die Akupunktur, die in China seit Tausenden von Jahren mit Erfolg angewandt wird, bei uns für (nur) drei (!) kleinere Krankheitstypen anerkannt wird.

Ich habe bei einem Professor für Akupunktur (gibt es nur in China) studiert. Dabei habe ich Dinge gelernt, die mir einen tiefen Einblick in die Energie des Menschen, der Tiere und Pflanzen gaben. Vor diesem Hintergrund und mit dem Wissen, das zwischenzeitlich auch amerikanische Wissenschaftler teilweise erforscht haben, konnte ich verstehen lernen, ...

... warum wir mit jedem und allem (das heißt Materialien und Lebewesen) verbunden sind – und welche Auswirkungen das im Alltag hat.

... weswegen FENG-SHUI (= eine Erfahrungswissenschaft, die sich im Haus wie am Körper der Bewohner ablesen lässt. Wir können unsere Lebensbedingungen so gestalten, dass sie uns helfen, unsere Lebensziele zu erreichen, zum Beispiel mehr Harmonie im Familienleben, ein aktiveres und schöneres Sexual- und Liebesleben, eine Steigerung der Karriere, ...) überhaupt funktioniert.

... wie vitale Häuser den Menschen nachhaltig stärken und ihm in seinem Leben mehr Kraft, Power und "Glück" beziehungsweise Gelingen bringen.

Ich meine das tatsächlich so. Frage bitte mal eine Familie, die in einem Vital-Energy-Haus wohnt. Oder noch besser: Suche so ein Haus auf – du hast sofort das Gefühl, im Urlaub zu sein und dass dir die Welt zu Füßen liegt. Hier haben konventionell denkende Architekten, Bauingenieure und so weiter noch viel zu lernen. Dabei wäre der Erwerb dieses Wissens oder das Zusammengehen mit einem Profi eine "Super-win-win-Situation" für alle Beteiligten. Auch für die Kunden. Die Häuser, die ich gebaut habe, sorgen noch heute für Wohlstand, gefestigte Beziehungen und Lebensfreude!

Zurück zu einem kalifornischen Institut, das interessante Entdeckungen und Forschungsergebnisse zu Herz und Gehirn geliefert hat: Das HeartMath Institute (Kalifornien/USA) führt seit seiner Gründung 1991 grundlegende Forschungsarbeiten in emotionaler Physiologie und Herz-Hirn-Wechselwirkung durch. Es entdeckte schon früh, dass HERZ und GEHIRN Impulse aussenden, die weit über die bekannten organischen Funktionen hinausgehen.

Es wurde herausgefunden – besser gesagt: es konnte bewiesen werden –, was die alten chinesischen Meister auf ihre Art empirisch herausgefunden haben: Der Mensch ist von einem Energiefeld umgeben. Überraschend hierbei war und ist, dass das HERZ ein größeres Energiefeld als das Gehirn erzeugt. (Für asiatische Meister der Gesundheitslehre und der Kampfkunst ist diese Entdeckung in jeder Hinsicht übrigens eine Bestätigung ihrer jahrtausendealten Lehre!) Im Herzen werden elektrische und magnetische Felder erzeugt, die mit den Organen unseres Körpers kommunizieren. Das Herz teilt dem Gehirn mit, welche Neurotransmitter und Botenstoffe wie Endorphine oder Hormone das Gehirn ausschütten soll.

Aber jetzt wird es richtig spannend: Alle Informationen, die unser Körper erhält, werden durch unsere Gefühle in codierter Form vom Herzen an das Gehirn und die betreffenden Organe weitergegeben. Unsere Gefühle sind quasi Dolmetscher und Überbringer, die durch unser Herz in elektrische und magnetische Schwingungen umgewandelt werden. All unsere Vorstellungen, Glaubenssätze, Glaubensinhalte und Gefühle werden vom Herzen durch ein eigenes "Betriebssystem" in Schwingungen und Wellen umgewandelt und ausgesendet. Diese Sendungen stehen in unmittelbarer Wechselwirkung mit der Außen- oder physischen Welt.

Dies erklärt gleichzeitig das Resonanzprinzip, von dem ich bereits berichtet habe. Deshalb können auch Gebäude und Grundstücke, aber auch Pflanzen unsere Körperzellen beeinflussen. Denn diese Codierung wird uns natürlich zurückgesendet, geöffnet und verarbeitet – und wir reagieren dann.

Aber schauen wir uns die nachfolgende Feststellung genauer an: Während das magnetische Feld des Herzens 5000-mal stärker ist als das des Gehirns, ist das elektrische Feld nur bis zu 60-mal stärker als das Signal des Gehirns. Dies hat folgende Konsequenzen: Die Gefühle, die wir tief und intensiv aus dem Herzen erzeugen, führen zur Erfüllung unserer Wünsche! Es ist ganz wichtig, dass du dir diesen Satz wieder und wieder durchliest. Mach dir seine Bedeutung sonnenklar!

Ich habe von Anfang an gelernt, meine Wünsche ins Herzzentrum zu legen und dann abzugeben. Das Herz steht für Liebe. Übrigens: Krebs befällt alle Stellen des Körpers, niemals aber das Herz. Dieser heilige Platz ist quasi geschützt, kann jedoch den Verfall der anderen Organe nicht verhindern. (Allerdings wird ein innerer Liebesentzug einen Herzinfarkt auslösen können!) Diese

"Immunität" gibt kranken Menschen die Möglichkeit, von diesem Platz aus die Selbstheilung einzuleiten, psychisch wie physisch. Wer an seine Kräfte glaubt oder an den Arzt mit seiner Behandlung und den Medikamenten, kann Heilung schnell oder überhaupt erleben. ABER: Er muss es wollen, zutiefst wollen!

Ich selbst hatte mit 30 Jahren Nebenhodenkrebs. Ich ging erst zum Arzt, als der rechte Nebenhoden extrem gewachsen war. Die erste Behandlung des Urologen war eine sehr schmerzhafte Tortur. Ich wurde umgehend ins Krankenhaus verlegt. Man sagte mir, dass ich Glück hätte, da der zuständige Leiter der Urologie ein Meister seines Faches und insbesondere ein Spezialist für meine Krankheitsart sei. Glück hatte ich indes nur mit dem Oberarzt, der mich behandelte, weil der Professor auf einem Vortrag war. Der Oberarzt fragte mich, ob ich "die unendlichen Möglichkeiten des Unterbewusstseins" kenne, das "in mir weilt". Ich sagte ihm, dass ich sie (lediglich) beruflich eingesetzt habe.

Nach zwei Tagen kam der Chefarzt. Er wollte von mir eine Vollmacht haben, dass im Falle eines operativen Eingriffs auch eine Amputation des Hodens und weiterer Stellen erlaubt sei. Ich widersetzte mich mit Händen und Füßen, obwohl man mir sagte, dass dieser Krebsbefall auch tödlich für mich enden könne. Das war mir aber egal. Ich entgegnete ihm, dass ich entweder gesund würde oder ansonsten Pech hätte. Daraufhin schickten sie mir sieben Ärzte und zwei sehr hübsche Ärztinnen. Die pochten darauf, dass ich doch zwei Kinder hätte und keine falsche Eitelkeit demonstrieren solle. Ich solle die Vollmacht gefälligst unterschreiben. Ich weigerte mich. Irgendetwas in mir lehnte sich auf.

Damals legte ich ein Gelübde ab: "Lieber Gott, wenn du mir mein Leben lässt, werde ich mein Wissen, das ich habe oder das du mir gibst, in die Welt hinaustragen!" Ich konnte ja nicht ahnen, dass mein Gebet erhört würde. Und zwar in jeder Hinsicht!

Der Oberarzt schaute mich also aufgrund meiner Kenntnisse über das Unterbewusstsein, die sich auf das Berufliche beschränkten, etwas verschmitzt an. Dann verordnete er mir etwas, das wohl nur alle Jubeljahre auf dem Behandlungsplan eines Krebspatienten auftaucht und garantiert an keiner Uni gelehrt wird: Videos zum Lachen. Gleichzeitig kamen die Schwestern und Stationsärzte jeden Tag zu mir, um mir mitzuteilen, wie gut ich aussähe und welche Fortschritte ich machte.

Was ich dabei nicht wusste: Jeder, der mich besuchen wollte, war vom Oberarzt zu etwas Bestimmtem angehalten worden – er musste fröhlich schauen und durfte nur positiv und aufbauend mit mir reden. Die Worte Krebs oder Tumor waren TABU. Wer ernst dreinschaute oder irgendwie nörglerisch drauf war, durfte nicht in mein Zimmer.

Mein Tumor ging tatsächlich zurück. Jahre später erfuhr ich aus dem Fernsehen, dass nur fünf Prozent der Betroffenen Heilung ohne medizinischen Eingriff erfahren – und ich gehörte dazu! Ich konnte sogar wieder eine Risikolebensversicherung gegen den Todesfall mit integrierter Berufsunfähigkeitsversicherung abschließen – ohne Aufpreis. Damals hatte ich mir geschworen, dass ich das Erlebte irgendwie den Menschen mitteilen musste.

Einige Zeit später lernte ich einen Professor für Akupunktur kennen, der ein sehr großes Wissen über Naturheilkunde besaß. Dieses Wissen erstreckte sich auch auf den Bereich von FENG-SHUI. Und von da an lernte ich sehr, sehr viel über das, was mir damals neu war, aber mein Interesse weckte. Ich wusste einfach: Das, was ich lernen durfte, stimmte! Auch wenn mich viele in meiner Umgebung belächelten ... Als ich jedoch mehrere Personen beraten hatte und bei ihnen daraufhin Umstände und Situationen eintraten, die gewollt waren, kamen immer mehr Menschen auf mich zu. Ich sagte schon damals: "Ich kann es noch nicht richtig erklären. Aber ich sehe Vorgänge, die dem körperlichen Auge, nicht jedoch dem inneren Auge verborgen sind."

Während meiner Studienzeit wurden in anderen Ländern Forschungen durchgeführt und niedergeschrieben, teilweise veröffentlicht - anerkannt aber wurden sie nicht wirklich. Auf dieses Wissen konnte ich zugreifen, ohne es zu wissen. (Um es schon einmal vorwegzunehmen: Wir stehen mit den Schwingungen anderer Menschen in Verbindung!) Wie ich bereits geschrieben habe: Wir sind mit jedem und allem verbunden. Du musst es nur zulassen und darauf zugreifen. Was ich damals auch noch nicht wusste: Wenn du deine Lebensaufgabe lebst, erhältst du alle erdenkliche Unterstützung!

Zurück zum Herzen und seinen fantastischen Möglichkeiten! Das Herz ist der Platz in unserem Körper, der verantwortlich ist für die Erfüllung unserer Wünsche. Das Herz aktivieren - das ist jedoch DEINE Aufgabe! Dies bedeutet ganz konkret:

- Egal, was du dir wünschst, nach was du strebst - dein Herz sollte voller Freude sein!
- Das Herz strahlt unsere Überzeugungen mittels bestimmter Frequenzwellen mit ungeheurer Wucht oder Energie aus!
- Wir unterliegen dem Gleichheitsprinzip: "Gleiches zieht Gleiches an." Deshalb wird die ausgesandte Energie eine genau gleich schwingende Energie finden!
- Das bedeutet: Gemäß unseren Überzeugungen werden wir die entsprechenden, sprich gleich schwingenden Erfahrungen und Gefühlsebenen finden!

Gleichgültig, was du dir wünschst:

- Lade deine Aussagen bewusst mit Gefühl auf! Und zwar genau mit dem Gefühl, das du erleben möchtest, wenn der Wunsch erfüllt ist! Strahle dieses Gefühl über das Herz aus!

- Was du im tiefsten Inneren deines Herzens (und mit deinem Verstand) über dich denkst und glaubst, wird ausgestrahlt – und angezogen. IMMER!
- Weiter: Sei überzeugt von dem, was du möchtest oder dir wünschst!

Deshalb kann ich dir nur raten, deine Aussagen mit folgender Einleitung zu beginnen:

"Ich bin überzeugt davon, dass ..." Und lege innerlich KEINEN Zweifel in diesen Satz. Glaube, was du dir sagst. So wird es dann auch sein!

Es geht um das SEIN. Das bedeutet: Wenn du von etwas überzeugt bist, wirst du Resultate erhalten, die dir deine Überzeugung bestätigen. Du musst dich auch innerlich so verhalten, wie deine ÜBERZEUGUNG lautet. "Bade" gleichsam in deiner Überzeugung. Tauche in sie ein. Sage beispielsweise: "Ich bin überzeugt davon, dass ich jetzt die Liebe meines Lebens kennenlerne!" Was passiert? Du wirst dir immer wieder ausmalen, wie schön ihr harmoniert, gemeinsam shoppen geht, morgens gemeinsam lachend und begeistert frühstückt. (Wann hast du so etwas das letzte Mal gemacht?) Du freust dich gleichzeitig, dass die Liebe deines Lebens unterwegs zu dir ist. Es ist dir klar: Sie kommt, weil sie zu dir geführt wird.

MERKE: Frage dich niemals, auf welche Weise die Lösung zu dir gelangt. Sei einfach felsenfest davon überzeugt, dass es geschieht. Bedanke dich bei deiner inneren Kraft, dass sie dir alles erfüllt.

Diese Kraft ist wie die Magie der Adventszeit, als du noch klein warst. Weißt du noch? Du hattest deine Wünsche deinen Eltern mitgeteilt. Du hast mit deiner ganzen kindlichen Überzeugung darauf vertraut, dass sie dich nicht enttäuschen. Dass du bekommen würdest, was du dir gewünscht hattest. Und wie hast du dich gefreut, als Bescherung war!

Genau so verhält es sich bei deinem jetzigen Wunsch. Ein anderes, für viele Menschen drängendes Beispiel: "Ich bin überzeugt davon, dass ich für all meine Rechnungen und Abbuchungen die Beträge zur Begleichung bereits vorab erhalten habe!" Wenn du weißt, dass dies JETZT Wirklichkeit ist, verhältst du dich viel entspannter. Und du bezahlst gerne deine Rechnungen und schaust dir gerne deine Kontoauszüge mit den Abbuchungen an.

Du bist skeptisch? Dies funktioniert wirklich genau so, wie du später noch lesen wirst. Übrigens: Das Universum kennt nicht unbedingt deinen Kontostand. Es reagiert nur auf deine Gefühle, die die Kontostände bei dir auslösen! Deshalb ist es sehr wichtig, dass du dich immer freust - denn das zieht noch mehr Freude an. In diesem Fall kann das nur bedeuten, dass zusätzliche Geldbeträge zu dir auf dein Konto geleitet werden!

Zweifle NIE an deinen Aussagen, sondern glaube daran. Fühle dich in die Wahrheit ein. Wie das geht, wirst du gleich lesen. Zweifel ist, wie du wissen musst, auch nichts anderes als ein Wunsch - wenn du so willst, ein Wunsch mit negativem Vorzeigen. Nämlich das Gegenteil dessen, was du willst. Da sich aber der tiefste Wunsch durchsetzt, wird oftmals der Zweifel gewinnen. Folge: Deine Bestellung wird nicht bearbeitet oder sehr langsam!

Wir werden noch von folgenden Vorgängen lesen:
- Deine Gedanken und Gefühle lassen deine Zukunft entstehen.
- Gefühlte Visualisierung
- Affirmationen und die Kraft der Worte
- Was du denkst und sprichst, auch über andere, kommt immer zu dir zurück.
- Leichtigkeit und Gelassenheit

- Schweige, bis deine Wünsche sichtbar sind.
- Die richtige Formulierung deiner Wünsche

Und noch etwas: Schalte bei diesem Lernvorgang bitte deinen Verstand aus. Er ist wie dein Lehrer: Er akzeptiert nur, was er kennt, und lehnt ab, was ihm unbekannt ist. Nur: Wie soll sich die Menschheit da weiterentwickeln?

Hierzu fällt mir die Geschichte von Louis Pasteur ein. Dieser Mann entwickelte das Verfahren, Milch durch kurzes Erhitzen auf etwa 60°C haltbar zu machen. Er fand auch heraus, dass Keime wie Krankheits- oder Fäulniserreger durch Hitze abgetötet werden können, was zur Entwicklung der Sterilisation führte. Was viele nicht wissen: Er wurde über 20 Jahre von seinen Kollegen ausgelacht und geschnitten. Denn seine Theorien standen im Widerspruch zum wissenschaftlichen Weltbild seiner Zeit. Seine konträren Denkansätze konnte Pasteur erst viel später beweisen. Sie führten zu dem Verfahren, das heute "Pasteurisieren" genannt wird.

Pasteurs damalige Gegner sind längst widerlegt. Aber auf ungewöhnliche, ja unpassende Denkmodelle reagiert die etablierte Wissenschaft noch heute so reflexartig wie ein Pawlowscher Hund: mit bissiger Ablehnung. Selbst Bruce Lipton beklagt dies in seinem Werk *Intelligente Zellen*.

Fassen wir das Gesagte zusammen:

Es gibt Energiegesetze, die mit der Präzision einer mathematischen Gleichung funktionieren ...

1. Gleiches zieht Gleiches an.
2. Was du zutiefst glaubst, ziehst du an.
3. Nur was INNEN wächst, kann im Außen sichtbar werden (nie umgekehrt).
4. Beim Wünschen musst du dich in eine glückliche Stimmung versetzen, von der Erfüllung überzeugt sein und dann deine Wünsche absenden.

5. Das Resonanzprinzip garantiert, dass wir gemäß unserer Überzeugung und Stimmungslage genau das erhalten, was wir ausgestrahlt haben – und nichts anderes.

6. Daneben stehen wir mit jedem und allem in Verbindung und können deshalb jederzeit mit der Außenwelt eins werden.

Wir werden später noch sehen, warum die glückliche Stimmung so eminent wichtig ist – und dass die Ausübung der Lebensaufgabe wie ein Turbo bei der Lieferung unserer Wünsche wirkt.

Kapitel 4

Die Wechselwirkung von GEFÜHL und DNA

Ich habe dir schon von diesem kalifornischen Institut erzählt. Bei seinen Forschungsarbeiten wurde in den 90er-Jahren entdeckt, dass die DNA sich je nach Gefühlslage ändert. Die Desoxyribonukleinsäure (kurz DNA oder auch DNS) trägt unsere leiblichen Erbinformationen, die Gene also. Laut gängigem Weltbild sind Gene normalerweise unbeeinflussbar. Ständig in stoischer Ruhe sozusagen.

Das Institut hingegen kam zu umwerfenden Ergebnissen:

a) Wenn die Testpersonen ihre Gefühle auf Begeisterung, Freude, Liebe oder Anerkennung "trimmten", entspannte sich die DNA. Ihre Stränge wurden länger.

b) Wenn die Probanden dagegen Ärger, Stress, Traurigkeit oder Ablehnung fühlten, wurden die Stränge kürzer oder schalteten ihren Empfang ab!

Sehen wir uns noch einmal Punkt b an. Die Aussage bedeutet, dass unsere DNA-Codes abschalten, wenn ... ja, wenn du dich aufregst oder gar frustriert bist! Du bist und fühlst dich isoliert, so dass keine Informationen mehr nach außen gehen – du bist quasi in dir gefangen. Das ist ungefähr so, wie wenn du in einem Raum eingesperrt bist. Trotz Handy oder Ähnlichem hast du keinen Empfang. Man hört dich nicht, und du bleibst allein! Punkt! Wie lautet die Lösung? Sobald du wieder Gefühle wie unter Punkt a aktivierst, schalten sich die Codes erneut ein, und du bist auf Empfang! Jetzt verstehst du sicher, warum es so wichtig ist, glücklich zu sein.

Die DNA, so die Forschung weiter, kommuniziert sowohl untereinander als auch mit anderen Menschen. Aber sie nimmt ebenso mit Tieren und Pflanzen Verbindung auf. Die DNA ist jedoch viel tiefgründiger und komplexer, wenn man sich die Untersuchungen der letzten zehn Jahren anschaut. So werden unsere Gene von ihrer Umgebung zusätzlich beeinflusst. Erkennst du, was das bedeutet? Unsere Gedanken und Gefühle nehmen Einfluss auf unseren Körper!

Bereits 1998 habe ich davon bei meinem "Naturstudium" gehört. Unser Professor hat im ersten Semester 1998 vor einer großen Teilnehmerzahl einer bestimmten Pflanze, deren Schwingungen man mit hochsensiblen Messgeräten festhalten konnte, verbal den Befehl gegeben, Kälte in den Raum zu schicken. Ob du es glaubst oder nicht: Innerhalb von einer (!) Minute war der Raum auf gefühlte 10°C heruntergekühlt. Nach drei Minuten stellte der Professor den Versuch ein, und es wurde wieder warm. Dieses Experiment werde ich nie in meinem Leben vergessen.

Wir haben bei ihm übrigens gelernt, ein Fenster energetisch zu öffnen - also nicht von Hand! -, so dass der Wind und die Kälte oder eben die Wärme hereinkommen. Jedes Mal, wenn ich dies bei meinen Kunden durchgeführt habe, löste das Erstaunen aus - gelinde gesagt. So konnte ich sogar skeptische Menschen überzeugen: Es gibt Kräfte in Form bestimmter Energie, die wir zu unserem Vorteil einsetzen können.

Ich löse mittels innerer Kräfte sämtliche geopathischen Störfelder in ihrer Wirkung auf. Ich wandle sie sogar in gewünschte

Kraftfelder um. Das Leben der Menschen wandelt sich dann grundlegend, und die Folgen sind:

- Bessere Gesundheit
- Mehr Nähe und harmonischere Partnerschaft
- Der Geldfluss kommt zurück.
- Harmonie unter den Menschen
- Höhere Leistungsfähigkeit
- Um nur einige Punkte zu nennen ...

Dieses Wissen habe ich zum Beispiel immer bei Hausbauten eingesetzt. Ich wollte damit all das anziehen, was einen harmonischen und geordneten Bauablauf ausmacht. Das macht Spaß und sorgt für mehr Lebensqualität und Leichtigkeit.

In der Bibel kannst du viel von der Freude am Leben lesen. Von daher ist auch verständlich, was das Ziel unseres Aufenthaltes auf der Erde ist: Du bist auf der Erde, um Spaß und Freude zu haben und zu erleben! Wenn wir Freude haben, sind wir auf kosmischen Dauerempfang eingestellt und erhalten ständig, wonach wir streben oder was wir uns wünschen.

Das erklärt auch, warum ein Grundstück uns beeinflussen kann – und ebenso die Gebäude, die darauf stehen. Wer hat es nicht schon erlebt: Du kommst in ein Haus und fühlst dich gleich wohl – oder du bist froh, wenn du es wieder verlassen kannst. Der Verstand kann das Gefühlte nicht zuordnen. Er weiß einfach nicht, um was es geht, und er versucht, es gleich wieder zu verdrängen. Das Innere in uns, das mit dem Äußeren kommuniziert, versteht dagegen sehr wohl die Botschaft und sendet uns Gefühle des Zulassens oder der Ablehnung. Wir sollten diese Form der Kommunikation ernst nehmen und nicht darüber hinweggehen.

Wer eine ausgeprägte INTUITION hat, der verfügt über ein Sprach- und Leitungssystem, das sehr hilfreich ist im Alltag und auf dem weiteren Lebensweg. Es hilft dir, Schaden abzuwehren. Andererseits führt es dich dahin, wo dein Glück liegt. Die Intuition ist die Kommunikationsleitung deines Unterbewusstseins und verfügt deshalb über alle Informationen der Vergangenheit, der Gegenwart und der nahen Zukunft.

Das Gefühl ist die Sprache deiner Intuition. Es ist übrigens die einzige Sprache, die du nicht lernen musst – du sollst nur lernen und trainieren, auf sie zu hören. Sie kennt Vergangenheit, Gegenwart und die Informationen der Zukunft. (Das verstandesgesteuerte Gehirn kann sich nur auf erlebte Informationen aus der Vergangenheit berufen!)

Vertraue auf die göttliche Sprache. Denk daran: Es geht um das SEIN. So ist es, wie es ist. Alles, was sich gut anfühlt, stimmt für dich. Erkläre dich dahingehend nie mehr. Du bist niemandem gegenüber Rechenschaft über dieses Thema schuldig. Es ist einfach sehr wichtig, immer wieder darauf hinzuweisen.

Wenn du diese Kraft- und Powerzentrale in deinem Leben ganz gezielt einsetzt, erreichst du deine Ziele. Du erlebst deine Wünsche als sichtbare Materie. Du genießt schöne und gewünschte Glücksgefühle, die gewissermaßen auf "AUTOPILOT" gestellt sind. Das willst du doch, oder?

Ich habe schon in den 80er-Jahren gelesen, dass Gedanken raum- und zeitlos sind. Dies wurde in der asiatischen Lehre ebenfalls gelehrt. Während eines Aufenthaltes in Frankreich musste ich an einen Freund denken, der gerade in Australien weilte. Es dauerte keine fünf Minuten, und ich bekam von ihm eine SMS. Ich kann mich noch gut daran erinnern, wie ich daraufhin lachen musste. Zwischenzeitlich kann man empirisch beweisen, dass Gedanken, sprich Schwingungen, dort aufgenommen werden, wo das gleiche Resonanzfeld herrscht. Und das ohne Zeitverlust!

Du weißt, dass Musiktöne im Resonanzkörper (zum Beispiel in Geige, Klavier oder Saxophon) gebildet werden. Diese Klänge bringen dann auch noch gleich schwingende Töne zum Klingen, obwohl sie nur angetastet werden. Auf vergleichbare Art und Weise bauen wir mit unseren Gefühlen, Gedanken, Worten und Überzeugungen RESONANZFELDER auf! Du bist gewissermaßen eine angeschlagene Stimmgabel. Halte sie neben eine ruhende Stimmgabel, die auf dieselbe Frequenz geeicht ist – schon wird sie mitschwingen. Wie ich bereits im Kapitel "Unterbewusstsein" sagte, ist es wichtig, dass du deine Gedanken und Worte beobachtest und kontrollierst. Jetzt weißt du auch, warum: Du baust damit Resonanzfelder auf.

Merke dir die folgende Regel ("Kongruenzgesetz") und lerne sie gleich auswendig: Beachtung bringt Verstärkung, Nichtbeachtung bringt Befreiung!

Wir verstärken also Resonanzfelder, wenn wir mehr oder weniger lang an oder über etwas nachdenken, uns darin einfühlen oder darüber sprechen! Wie aber wirkt sich das Kongruenzgesetz in der Praxis aus? Wenn du unter Verlusten leidest und dich weiter damit beschäftigst, wird der Verlust verstärkt. Wenn du Gewinne verzeichnest und dich weiter damit beschäftigst, wird der Gewinn verstärkt! Wenn du Verluste erleidest und du dich sofort mit Gewinn beschäftigst, wird Gewinn aufgebaut und verstärkt! Warum? Die universellen Felder reagieren nur und ausschließlich auf unsere Schwingungen (Gefühle!), nicht aber auf Zahlen und dergleichen!

Du wirst natürlich auch von anderen Resonanzfeldern angezogen, wenn du die gleiche Schwingung aufweist. Dann bist du sozusagen die ruhende Stimmgabel. Deshalb ist es auch so wichtig, dass du darauf achtest, mit wem du dich umgibst: Menschen, die dich lieben, fördern und respektieren sowie wertschätzen, sind der richtige Umgang für dich.

Eine für mich sehr wichtige Überzeugung lautet: "Ich bin auf der Welt, um geliebt, respektiert, wertgeschätzt und vergöttert

zu werden. Die Welt ist ein liebevoller Ort und mir wohlgesinnt!" Wenn du diese Affirmation täglich mehrere Male über
einige Wochen hinweg sprichst, dich dabei gut fühlst und davon
überzeugt bist, wirst du nur noch gute Erfahrungen in deinem
Leben machen!

Ich kann dir nur raten: Egal, was dir passiert ist oder was sich
ereignet hat – gehe immer in die Situation hinein, die du haben
willst, und beschäftige dich damit, das heißt (ACHTUNG!): **Tu
so, als ob!** Wenn du also Geld möchtest, kannst du dir ein Blatt
Papier holen und ständig aufschreiben, wie dein Kontostand ist.
Schreibe es auf: € 10.000 im Haben! Und freu dich darüber.
Immer mehr und immer mehr.

Stell dir vor, du bist ein Schauspieler, und du hast die Rolle
eines Millionärs zu spielen. Ein Schauspieler wird als authentisch
empfunden, wenn er die Rolle IST! Anderes Beispiel: Immer wenn
du Rechnungen bekommst, freust du dich! Du bedankst dich
beim Universum, dass dieses Unternehmen dir die Leistung bereits zukommen ließ und darauf vertraut, dass du pünktlich
zahlst. Dann nimmst du den Umschlag, malst ein Plus-Zeichen
darauf und die Zahl, die wohl als Rechnungsbetrag darin steht.
Diese Notiz ergänzt du jedoch mit einer Null und einem Dan-
keschön-Vermerk.

Ich zeige dir, was ich meine: Rechnung von der Telekom,
wahrscheinlich € 200 (der Brief bleibt geschlossen). Du schreibst
außen drauf: + € 2000 – und jetzt kommen die Worte: "Diesen
Betrag habe ich dankend erhalten!" Wenn du das jeden Tag
machst, wird deine Freude immer starker. Das Resonanzfeld
ebenso. Und: Es wird Geld fließen – aus allen erwarteten und (!)
unerwarteten Quellen.

Noch ein Beispiel: Jeden Tag erhältst du € 1000. (Tu einfach
mal so, als ob!) Du sollst dir Gedanken machen, wofür du dieses

Geld ausgeben möchtest. Schreibe es dir auf. Greif wirklich zu Block und Stift. Am zweiten Tag hast du wieder € 1000 erhalten und den Betrag des Vortages dazu, also € 2000. Wieder musst du den Betrag ausgeben, und du notierst dir, wofür. Am dritten Tag hast du € 3000 zur Verfügung, die du ausgeben musst – ein Wahnsinnsspiel. Das kannst du mit einer Gruppe oder mit Arbeitskollegen durchführen. Ihr lernt dabei mehrere Dinge auf einmal:

- Geld fließt und vermehrt sich ständig, so wie Energie sich stetig aufbaut.
- Du machst dir keine Gedanken mehr, wo Geld herkommt, sondern nur, wo es hinfließen soll. Das ist eine ganz wichtige Regel bei der Geldvermehrung!
- Wenn eine Gruppe dieses Spiel durchführt, hilft der eine dem anderen beim Geldausgeben und verliert vollständig die Angst, dass er am nächsten Tag nichts mehr hat.

Wenn du dich dann noch beim Universum aufrichtig (!) bedankst, dass du stetig mehr Geldzuwachs hast, wird dieser Vorgang ein Bestandteil deines Lebens – du bist reich. Warum? Deine Schwingungen sind auf Freude, Begeisterung und Reichtum geeicht. Häng dir jetzt noch Bilder von glücklichen Menschen auf, zusammen mit deinem Bild. Diese Menschen sollten dir gefallen. Sie sollten Wohlstand sowie Reichtum verkörpern. Dann ist dein Resonanzfeld perfekt auf Wohlstand ausgerichtet. Und dieser Wohlstand wird in ganz kurzer Zeit Einzug in dein Leben halten.

Anders ausgedrückt: Die Schwingungen sind – energetisch – so exakt codiert, dass sie immer die richtige Adresse, sprich Lösung, liefern! Resonanzfelder werden aber auch durch deine "geistige Vorstellungskraft" erzeugt. Um es schon einmal kurz vorwegzunehmen: Das Gehirn eines Menschen reagiert auf Bilder, gleichgültig ob sie aus der Erinnerung stammen oder rein auf Fiktion basieren. Dies bedeutet: Es ist deinem Geist völlig schnuppe, ob du dir den Urlaub in Spanien mit der herrlichen Sonne, dem Flair und den netten Menschen "nur" vorstellst oder ob du tatsächlich einmal dort warst.

MERKE

Fakt ist: Was du glaubst und wovon du überzeugt bist, das ziehst du an!

Deswegen ist es auch so wichtig, dass du dich in eine Situation vollkommen hineinfühlst. Wir werden dieses Thema noch genauer anschauen. Was ist zu tun? Lege dir schon mal einen Block und Bleistift bereit, damit du dir beim Lesen Notizen darüber machen kannst, was du dir wünschst. Schreibe ALLES auf, und achte vor allem auf die Gefühle, die du erleben möchtest. In deiner Vorstellung ist alles erlaubt. Alles!

Deinen Verstand, der dich in diesem Bereich nur begrenzt, beachtest du nicht oder lässt ihn "reden"... Merke dir: Immer wenn der Verstand sich meldet, schreibst du deine Herzenswünsche dennoch unbeirrt auf. Deine rationale Seite könnte etwa einwenden: "Das ist unmöglich, das geht ja gar nicht, das hast du schon einmal erlebt – volle Pleite, du bist zu hässlich für eine hübsche Frau (Mann), dafür bist du zu wenig gebildet, du hast kein Geld und so weiter, und so weiter." Gerade dann schreibst du weiter, wonach dir ist. Achte auf die schönen Gefühle, die dir deine Vorschläge beziehungsweise Wünsche bereiten – sie wollen erlebt werden! Es hat wirklich Menschen gegeben, die haben noch viel Schlimmeres erlebt, als du dir vorstellen kannst. Und dennoch haben sie ihre Ziele erreicht. Warum? Weil sie an ihr Ziel glaubten und diese Gesetzmäßigkeiten anwendeten, die du hier liest.

Merke dir und sage dir jetzt (und immer wieder): "ICH BIN ein Kind Gottes (des Universums, Manitus, Allahs, ...) und HABE DESHALB das Recht, DAS BESTE in meinem Leben zu bekommen. Ich nehme es jetzt dankbar an und sage DANK dafür. Ich bin überzeugt davon, dass sich meine Wünsche mit Leichtigkeit und in völliger Gelassenheit schnellstmöglich verwirklichen und dass ich sie in mein Leben ziehe, sehe und spüre. Mensch, ist das geil! Ich bin ein Geldmagnet und ein Glücksmagnet. DANKE!"

Später (wenn du kannst, bitte jetzt schon) wirst du dir das Gesagte noch "real" mit deinen begeisternden Gefühlen in dir vorstellen. Und du wirst sie visualisieren (es verstärkt das Gesagte).

Ich will dich jetzt schon auf das vorbereiten, was du in Kürze lesen und spüren wirst. Wenn du dich jetzt schon freust und das Buch am liebsten sofort fertig lesen möchtest: Tue, wonach dir ist - ES IST DEIN, JA, DEIN LEBEN!

Kapitel 5

Sei glücklich und lass dir deinen Wunsch ausliefern

Wir haben bereits festgestellt, dass die DNA ihre Stränge (stark vereinfacht ausgedrückt) "ausdehnt", wenn wir glücklich sind und es uns innerlich einfach gut geht. Und nur wenn wir auf Empfang und Senden eingestellt sind, ziehen wir unsere Wünsche als reale Erlebnisse in unser Leben. Das wiederum geht nur, wenn die DNA-Stränge quasi aufgefaltet sind. Wenn es uns gut geht, sind wir "in unserer Mitte", und in der Tat: Wenn wir in unserer Mitte sind, ...

... schauen einerseits die Menschen auf uns, folgen also unseren Überzeugungen (wir müssen nichts mehr beweisen oder uns anstrengen).

... sind wir andererseits so mit uns im Reinen und glücklich, dass wir buchstäblich alles bekommen, was wir wollen.

Aus diesem Grund ruhen auch "Profibesteller" in sich, sie sind entspannt (!). Sie sind mit ihrem Leben zufrieden. Sie sind dankbar und glücklich.

Daher mein Tipp: Es ist dir unmöglich, negativ zu denken, wenn du entspannt bist! Welche Gedanken lösen Gefühle von Freude, Liebe und Glück in dir aus? Mach dir bitte Gedanken, nimm dir Zeit und schreibe sie dir auf – jetzt. Ergänze das Aufgeschriebene, wenn du weitere Einfälle oder Ideen hierzu hast. Andererseits - manchmal fehlt uns gerade der Gedanke an glückliche

Momente, wenn es uns nicht gut geht. Den Grund hierzu kennen wir bereits. Was macht man dann? Was machst du in diesem Augenblick? Die ganz wichtige Frage lautet deshalb: Wie kommst du im entscheidenden Augenblick in das Glücksgefühl, in deinen FLOW?

Was aber ist ein FLOW? Wenn wir uns im FLOW (der Begriff stammt von Mihaly Csikszentmihalyi) befinden, sind

- unser Fühlen
- unser Wollen
- unser Denken

in diesem Augenblick in Übereinstimmung.

Während wir der Tätigkeit (gedanklich wie tatsächlich, egal welchen Lebensbereich es betrifft) nachgehen, spielen für uns weder die Zeit noch wir selbst eine Rolle. Das Handeln geht mühelos vonstatten. Wenn wir uns im FLOW befinden, werden im Gehirn Botenstoffe, sogenannte Serotonine/Endorphine, freigesetzt. Das sind GLÜCKSBOTEN, sogenannte Neurotransmitter. Die Endorphine sind Glückshormone und die natürlichen Opiate des Körpers, welche für

- Schmerzkontrolle und
- Wohlbefinden

zuständig sind.

Wann werden Endorphine im Körper hergestellt? Die Antworten hierzu werden dich nicht überraschen. Endorphine werden produziert, ...

... wenn du Sex hast.

... wenn du dich körperlich bewegst.

... wenn du viel lachst.

... wenn du dich tief entspannst.

... wenn du in vitalen Gebäuden lebst.

Da es sich um Neurotransmitter handelt, schaffen sie auch neue Nervenverbindungen im Gehirn. Die Folge: Jedes Mal, wenn der Körper Endorphine ausstößt, wirst du insgesamt glücklicher und ein Stück leistungsfähiger. Und intelligenter wirst du obendrein! Wir besitzen Billionen von Körperzellen, und jede einzelne dieser Zellen weist Rezeptoren für Endorphine auf. Da liegt der Schluss nahe, dass mit dem Glücklichsein auch der Grad deiner Leistungsfähigkeit und in gewisser Hinsicht auch deine Intelligenz zunimmt.

Wie kannst du aber zusätzlich das Gefühl des FLOWS produzieren, um es bei Bedarf abzurufen? Stell dir bitte eine Situation (oder auch mehrere) vor, in der du so richtig gelacht hast, in der es dir richtig gut ging. Wenn dir so etwas noch nie passiert ist, kannst du dich vielleicht an einen lustigen Kino- oder TV-Film erinnern. Rufe jetzt eine dieser Situationen ab. Lass den Film vor deinem geistigen Auge ablaufen, immer und immer wieder. Mindestens zehn Mal. Du wirst merken, dass es dir immer besser geht, du dich sehr wohlfühlst und deine Schwingungsfrequenz zunimmt. Je öfter du dieses Kopfkino wiederholst, desto intensiver und stärker werden deine Glücksmomente.

Wenn der Film als "Endlosschleife" abläuft, werden das Gehirn und dein emotionales Inneres dich in Ruhe und Entspannung versetzen – du lässt vollkommen los. In diesem Zustand bist du ganz offen. Deine Wünsche haben nun die richtige Schwingung, um als Realität in dein Leben zu treten.

Wenn du den Film zehn Mal hast ablaufen lassen, folgt die nächste Stufe. Du startest den geistigen Filmprojektor erneut. Doch diesmal nimmst du deinen rechten Mittelfinger und den rechten Daumen hinzu und presst diese zusammen. Führe auch diesen Vorgang mehrmals durch. Damit ist der "Film" in deinem Gehirn und deinem Energiesystem abgespeichert!

Immer, wenn es dir in Zukunft nicht gut geht oder du Bedarf an glücklichen Gefühlen hast, wirst du die Mittelfinger und Daumen zusammenpressen. Mit dem Resultat, dass sofort die herrlichen, angenehmen Gefühle und der Filmablauf erfolgen. AUTOMATISCH! Und du bist im FLOW. Diesen Vorgang nennt man übrigens "Konditionierung".

Unterstützung können wir zusätzlich durch die VITALENERGIE in unseren Räumen erhalten. Wenn du jemals ein Haus oder eine Wohnung mit ausreichender Vitalenergie betreten hast, wirst du wissen, wie wohl du dich darin fühlst. Du kannst dich darin richtig "fallen lassen". Die Vitalenergie entfaltet in den meisten Häusern nur 50 bis 60 Prozent ihrer eigentlichen Kraft, vor allem wenn die Häuser vollkommen geschlossen sind. Schlechte Hausformen und Gestaltungen tun ihr Übriges. Kommen eine starke Elektrosmogbelastung und viele Störzonen hinzu, können Vitalenergie und Sauerstoffgehalt auf unter 50 Prozent fallen. Die Bewohner werden dann häufiger über Stress und Immunsystembelastungen klagen.

Wie kann eine hohe Vitalenergie erzielt werden, in der sich Mensch und Tier hervorragend fühlen? Dazu müssen bis zu 3000 Faktoren beim Hausbau berücksichtigt werden, zusätzlich zu sonstigen architektonischen Grundlagen. Die Bau- oder Umbaukosten sind aber nicht höher als sonstige Baukosten, wenn die Faktoren bereits in der Planung mit berücksichtigt werden. Die maximalen Mehrkosten liegen bei fünf Prozent der Bausumme.

Es ist immer wieder erstaunlich, wie sich eine Vielzahl von Architekten gegen diese Wahrheit wehrt – um dann nach der Bauübergabe begeistert zu sein. Klar, den angenehmen, spürbaren Gefühlen und der magnetischen Wirkung können sich sogar Kopfmenschen nicht entziehen.

Eine hohe Vitalenergie äußert sich durch eine fühlbare innere Stärkung, bessere Konzentration, einen schnelleren Zugang zum FLOW, aber auch eine Stärkung des Immunsystems! Und wenn so ein Gebäude dich glücklich macht beziehungsweise dieses Gefühl nährt und stärkt, dann kann es dir nur gut gehen.

Selbst in "normalen" Wohnungen und Gebäuden ist eine Stärkung der Vitalenergie möglich. Die Maßnahmen dazu sind zum Beispiel eine Neutralisierung der belastenden Erdenergie, helle und fröhliche Farben, gute Düfte, bestimmte Pflanzen, Wasser an der richtigen Stelle, freie, warme, helle und saubere Eingänge, möglichst wenig Glas an der Rückseite des Hauses oder das Blocken dieser Glasflächen mit guten Bergkristallen und so weiter. Bitte informiere dich bei einem sehr guten Berater, der eine möglichst umfassende und auch praktische Ausbildung über mehrere Jahre genossen hat. Wenn du Interesse daran hast, kannst du dich auch über den Verlag bei mir melden.

Kapitel 6

Gefühlte Visualisierung

Jeder Mensch stellt sich täglich etwas vor. Gedanken sowie Bilder oder ganze Filmsequenzen laufen vor dem geistigen Auge ab. Dein Unterbewusstsein hat alle Erfahrungen abgespeichert. Es hilft dir, deine Gedanken zu ordnen und zu unterstützen, damit auch du glückliche Gefühle genießt, Sicherheit spürst und deine Ziele erreichst. Auf Begriffe wie "Mann, Auto, Flugzeug, Uhr" reagiert dein Gehirn fast zeitgleich mit den entsprechenden Bildern. Es speichert Millionen von Bildern, Situationen, Abläufen und Worten sowie dazugehörige Gefühle aus allen fünf Sinnesbereichen ab. Unser Gehirn denkt in Bildern, nicht in Zahlen. Deswegen gilt auch die Aussage: "Ein Bild sagt mehr als 1000 Worte."

Es ist deshalb wichtig, deinem Wunsch ein Bild im Inneren beizufügen! Diese Visualisierung kannst du noch verstärken, indem du ein Bild zu deinem Wunsch so aufhängst, dass du es jeden Tag siehst. Das Bild kann eine Collage sein. Oder ein selbst gezeichnetes Bild. Oder Ausschnitte von Wörtern und Bildern aus Zeitungen beziehungsweise Zeitschriften. Oder ein Foto. Oder eine Computergraphik. Bereits das Erstellen der Collage baut dein Resonanzfeld zusätzlich auf und setzt Schwingungen frei, die die Erfüllung schon anziehen.

Du kannst dieses Bild auf deinen Laptop oder dein Handy laden, wo du es immer abrufen oder automatisch sehen kannst. Die Collage (oder das Foto) hängst du da auf, wo du sie oft siehst. Sie motiviert dich zum einen, an deinem Ziel festzuhalten, zum anderen arbeitest du auch unbewusst, weil deine Augen es immer wieder sehen und das Gehirn darauf reagiert.

Merke: Es gibt sowohl sichtbare als auch unsichtbare Wirklichkeiten!

Beispiel: Wenn du einen Satz denkst, also nonverbal ausdrückst, hört man ihn nicht. Trotzdem ist er geistig gesprochen worden, nur eben unhörbar! Du bestimmst mit deinen Gedanken und Wünschen sowie Vorstellungen, was sichtbar wird. Aber alles, was du dir vorstellst und fühlst, kann Wirklichkeit werden. Ich verrate dir etwas: Wenn du diese Gesetzmäßigkeiten ganz tief in dir akzeptiert hast, dann werden deine Gedanken und Gefühle immer Wirklichkeit.

Denke daran: Stelle dir deine Absicht klar, bejahend, aufbauend und in der Gegenwartsform formuliert vor. Schreibe sie zusätzlich auf. Konzentriere dich nur darauf (also keine anderen Gedanken denken, und schon gar keine negativen ...). Dann bekommst du das, was du dir wünschst, weil du es "beabsichtigt" hast!

Die Amerikanerin Catherine Ponder spricht davon, dass "SUBSTANZ" (das heißt der KERN von allem, was uns umgibt beziehungsweise was wir erleben) die einzige Realität in deinen finanziellen, gesundheitlichen, beruflichen und partnerschaftlichen Angelegenheiten ist. Du solltest dich darauf konzentrieren, also Energie bündeln, um ein Ziel zu erreichen. Wenn du davon sprichst, werden Dinge und Umstände erscheinen, die du dir wünschst beziehungsweise die dir guttun! Das Visualisieren meint das Sichvorstellen von Situationen, Bildern, Menschen und ganzen Handlungsabläufen.

Damit die Bilder sich auch schnell in dein Unterbewusstsein einprägen, nimmst du deine fünf Sinne als Unterstützung hinzu. Wenn du dir einen Strand im Süden Europas vorstellst, fällt es dir sicherlich leicht, die Rufe der glücklichen Menschen zu hören beziehungsweise diese zu sehen, deine eigenen begeisternden Gefühle zu fühlen und das salzige Wasser zu schmecken. Diesen Vorgang nennt man "gefühlte Visualisierung", und er beschleunigt extrem das Einprägen der Wünsche in dein Unterbewusstsein. So werden deine Wünsche und Absichten sehr schnell Wirklichkeit!

Aus der Hirnforschung weiß man, dass immer der Teil des Gehirns aktiviert wird, der sich mit Bildern beschäftigt. Anfänglich dachte man, dass es nur die Bereiche sind, an die man sich aus der erlebten Vergangenheit heraus erinnern konnte. Bei den weiteren Forschungsarbeiten fand man aber heraus, dass das Gehirn an denselben Stellen aktiv wurde, sobald man Bilder eines Films gesehen hatte und sich daran erinnern konnte. Es ist also gleichgültig, ob du den spanischen Strand erlebst, dich an ihn erinnerst oder ihn im Kino beziehungsweise im Fernsehen gesehen hast.

Es kam bei diesen Forschungen aber noch etwas Erstaunliches heraus: Allein die Vorstellung, wie es in Spanien am Strand aussehen könnte, genügte, um die Großhirnrinde zu aktivieren. Das Gehirn unterscheidet also nicht, ob real erlebt oder nicht. Sondern es nimmt die Eindrücke samt den dazu erzeugten Gefühlen als wahr an und verarbeitet diese!

Wie du zwischenzeitlich weißt, werden die Eindrücke des Gehirns im Unterbewusstsein abgespeichert – komplett! Das führt uns zu einer ganz wichtigen und grundlegenden Erkenntnis: Es gibt keine Grenzen in unserem Leben, nur in unserem Denken! Ich möchte es so ausdrücken: Wenn du von etwas fasziniert bist, es dir vorstellen kannst und ganz in diesen Gedanken und Gefühlen aufgehst, wird es deine Wirklichkeit! Das Universum kennt Millionen von Möglichkeiten, deinen Wunsch Wirklichkeit werden zu lassen. Dein Verstand hat nur einige wenige. Deshalb ist diese Feststellung so wichtig!

Wer will dich daran hindern, dass du dir vorstellst, mit der Kanzlerin in Kürze Essen zu gehen? Oder einen bekannten Filmschauspieler für eine Stunde persönlich zu treffen? Oder Karriere zu machen, ohne die üblichen Grundlagen mitzubringen? Träume, denke und fühle alles real. Steigere dich hinein, als würdest du einen Kinofilm sehen! Wer will dir das verbieten? Wenn du reich sein willst, dann stell dir den Reichtum vor. Sieh vor deinem geistigen Auge den Kontostand, das Haus, in dem du wohnst, spüre die edlen Kleider, die dir guttun, sieh dich laufen wie ein wohlhabender Mensch und so weiter. Verhalte dich wie ein Reicher. Du fragst dich: "Wie läuft ein Reicher?" Hole dir Informationen, und tu es einfach. Nicht übertreiben, sondern locker und leicht. Sei überzeugt davon, reich zu sein. Während des ganzen Tages stellst du dir immer wieder vor, dass du reich bist. Dein Unterbewusstsein kann dann gar nicht anders – es wird dir diesen Wunsch erfüllen.

Der im 18. Jahrhundert lebende Science-Fiction-Autor Jules Vernes hat Flugzeuge und U-Boote sehr genau beschrieben. Er stellte sie sich vor und ließ die Bilder seines Unterbewusstseins als schriftstellerischen Akt zu. Brenne dir deine Bilder förmlich in dein Unterbewusstsein. Präge sie dir ein. Begleite sie mit wohltuenden Gedanken. Tu so, als seien sie Wirklichkeit. Dann werden sie in dein Leben treten. GARANTIERT! Wichtig hierbei ist, dass du dir diese Bilder immer wieder vorstellst. Freu dich, sei entspannt und glaube, dass diese geistigen Bilder dir JETZT TATSÄCHLICH als greifbare WIRKLICHKEIT geliefert werden.

Noch eine Hilfe: Das Unterbewusstsein ist mit dem Universum unmittelbar verbunden und liefert alles schnellstmöglich aus. Du musst nur wissen, dass es keine zeitlichen Begrenzungen gibt. Es sei denn, du glaubst, dass eine für dich schwierige Situation viel Zeit braucht. Mozart hatte bereits in jungen Jahren ganze Musikstücke im Kopf. Er empfing sie über Nacht und schrieb sie nieder. Er wusste nicht, dass Komponieren eigentlich schwer ist – und war diesbezüglich voller Leichtigkeit und Gelassenheit. Sei genauso. Wohlstand kommt nicht durch Arbeit, sondern durch die Überzeugung, dass Wohlstand und Reichtum dir zustehen, alle Kanäle für dich jetzt offen sind und die Gelder stetig zu dir fließen.

Stell dir die Situationen immer wieder vor. Fühle tagsüber, dass du reich bist, und bedanke dich beim Universum für das Erleben! Wenn du den Reichtum verinnerlicht hast, wirst du es ausstrahlen und "er" wird zu dir kommen! GARANTIERT! Reich ist man nie auf seinem Konto, sondern immer nur im Kopf! *Mach dir nie Gedanken, wie! Sei dir nur gewiss, dass!* O.K.? – Ich verrate dir etwas: Alle Erfindungen dieses Planeten sind so entstanden.

Es gibt aber noch ein Phänomen, das die Visualisierung erheblich erleichtert und das ich bereits als Shaolin-Kämpfer kennenlernte. Als Liebhaber und Praktizierender der asiatischen Kampfkunst habe ich gelernt, den Meistern der verschiedenen Kampfkünste genau zuzuschauen und mich in sie hineinzuspüren. Ich lernte, zu "sehen" und zu "spüren", wie sie das Qi, also die Lebenskraft (wir würden "Power" dazu sagen, damit könnten wir Bäume ausreißen) bündeln und gezielt einsetzen.

Im Fernsehen wurde vor einigen Jahren ein Bericht über Shaolin-Kämpfer gezeigt. Man brachte Wärmekameras vor den einzelnen Kämpfern in Stellung und konnte beobachten, wie die Muskeln erhöhte Aktivitäten zeigten. Dies ist normal, wenn man sich bewegt oder aufwärmt. Nur: Diese Kämpfer bewegten sich nicht – sie stellten sich den Aufwärmvorgang "nur" vor. Mittels Geisteskraft sind sie in der Lage, das Qi anzuziehen und die Muskeln zu Kontraktionen zu veranlassen. Ein Phänomen, das es in unserer Hemisphäre angeblich gar nicht gibt.

Ich lernte also, Kräfte zu entwickeln und zielgenau einzusetzen. Dabei hatte ich die körperliche Kraft dazu äußerlich gar nicht. Ich lernte, mir die Abläufe genau vorzustellen, und hatte bald das Gefühl, dies schon jahrelang zu trainieren.

Ich ziehe heute noch Qi an, um Störfelder "abzuheilen", wie es in der Fachsprache heißt. Diese Felder schwächen die Menschen und die Tiere, aber auch Materialien, wie zum Beispiel Maschinen. Doch was läuft da genau ab? Nun, das Gehirn wird in die Lage versetzt, Bewegungsabläufe zu speichern und zu wiederholen, ohne diese selbst ausgeführt zu haben. Es kann aber noch mehr: Es kann nur durch ganz gezielte Vorstellungskraft unseren Körper aktivieren, Bewegungsabläufe durchführen, ohne von außen eingegriffen zu haben. Das führt dann zu Muskelaktivität ohne körperliche Anstrengung.

Eine ganz besondere Gruppe von Neuronen im Gehirn ist hierfür zuständig: die Spiegelneuronen. Sie sorgen dafür, dass wir Tätigkeiten nachempfinden oder uns vollständig in etwas einfühlen können, wenn wir sie/es bei anderen beobachten! Allein das ständige Zuschauen und die Begeisterung können dich in die Lage versetzen, Tätigkeiten zu erlernen, die dir vorher noch unmöglich oder jedenfalls sehr schwer erschienen. Dieses Phänomen wird ganz bewusst in der Unfall- und Neurochirurgie, der Neurologie und im Leistungssport eingesetzt.

Das Beste ist also, ...

... sich exakt vorzustellen, wie du etwas tust (unabhängig von deiner derzeitigen Situation oder deinem Können).

... dich - mit begeisternden Gefühlen - voll und ganz auf die Tätigkeit einzulassen.

... dass die Spiegelneuronen deine Fortschritte beschleunigen.

... die geistige in die natürliche Handlung umzusetzen. Beide Abläufe, geistig und real, lösen sich immer wieder ab.

Von Napoleon weiß man: Er war in der Lage, alle Feldzüge im Kopf minutiös mehrere Monate im Voraus zu planen, die

Reaktionen seiner Gegner mit einzuplanen und darauf dann wieder einzugehen. Eines hat die Geschichte in diesem Zusammenhang aber auch gelehrt: Wenn man die Kräfte gegen die Natur richtet, wird sie sich rächen. Also: Alles ist erlaubt, sofern es dir nicht schadet. Dir, aber auch anderen nicht! Du stehst allerdings an erster Stelle. Es steht dir zu, reich zu sein! Wenn du jetzt entgegnest, dass es so viele arme Menschen gibt, kann ich dir nur sagen: Wem hilft es, dass du kein Geld haben willst? Dadurch wird die Armut in der Dritten Welt nicht geringer. Nur die Reichen können den Armen helfen.

Man weiß zum Beispiel aus der Tenniswelt, dass die in etwa zehn Besten der Welt alle perfekt spielen. Den Unterschied macht die psychische Tagesverfassung, der "mentale" Bereich! Oder ein ganz anderes Beispiel: Schule oder Universität. Du steigerst deine Leistung, indem du dir immer wieder vorstellst, wie perfekt und leicht du die Prüfungsfragen beantwortest und wie die Lehrer dir zur 1 gratulieren. Das Ganze wird noch von Affirmationen verstärkt. Wir kommen noch genauer darauf zu sprechen. Vorab dieser Vorschlag: "Ich weiß auf alle Fragen immer dir richtige und vollständige Antwort. Es fällt mir leicht und macht mir viel Spaß!" Du "siehst" und spürst dieses Prickeln der Begeisterung über die 1 und das Ziel: der Abschluss "summa cum laude".

Auf diese Art habe ich vor gut zwölf Jahren eine Schulklasse ein Jahr lang betreut; der Notendurchschnitt ist insgesamt um eine Note besser geworden. Der Schulunterricht hat viel mehr Spaß gemacht, und die Fehltage gingen sehr stark zurück.

Glaube und trainiere es; rede mit deinem Unterbewusstsein sowie dem Universum und bedanke dich für die perfekte Lösung und Lieferung deines Anliegens. Wenn es dir etwas schwerfällt, das Universum zu "greifen", stelle dir einen Menschen vor, der weise und gütig aussieht und dem du dankst.

Wer soll dich daran hindern, dir das Beste - das Beste! - für dich vorzustellen? Nur du selbst! Wenn du jetzt sagen solltest: "Das klappt ja nie!", dann sage ich dir: Hast du etwas zu verlieren? NEIN. Hast du etwas zu gewinnen? Aber hallo, NATÜRLICH, das Erlebnis deines Wunsches!

Auch das ist wichtig: Stell dir vor, dass diese Manifestation leicht und mit Freude vor sich geht. Sollte dir jetzt das Loser-Argument einfallen, das du ja durch deine Umwelt (Spiegelneuronen) gelernt hast: "Wenn es so leicht wäre, würden es ja alle machen", entgegne ich dir - und zu deinem Vorteil:

1. Alle Menschen, die ERFOLG haben, nutzen die Methode.
2. Im Sport ist sie heute ganz normal. Wer ganz oben mitmischen will, muss sie einsetzen.
3. Aber selbst Spitzensportler nutzen ihre innere Kraft nicht in vollkommener Weise. Wenn man ihr Potenzial in vollkommener Weise zur Entfaltung bringt, nehmen die Erfolge absolut und deutlich zu!

Merke dir folgende Lebensregel: Wenn das bisherige Verhalten nicht zum Erfolg führte, müssen neue Wege beschritten werden.

Und: Wer Erfolg hat, hat Recht (sofern damit keine Verbrechen oder körperliche beziehungsweise psychische Nachteile erzeugt werden).

Dies führt uns zu der richtigen Lebenseinstellung (ja, für alle Lebensbereiche):

- Lass dich auf dein Ziel ein und stelle es dir immer und immer wieder vor.
- Du bist der Sieger in deinem Leben. ("Ich bin der Sieger in meinem Leben. Ich bin stark, begeisterungsfähig, voller Freude, gesund, vital, charismatisch, magnetisch ..." NA, wie klingt das?

"Gut!"– Mach weiter.

"Nein." – Das werden wir später analysieren – und auflösen. Du kannst anfänglich, wenn du magst, sagen: "Es würde mir gefallen, der Sieger in meinem Leben zu sein." Wenn du dann spürst, es tut dir gut, gehst du auf die klare Aussage über: "ICH BIN ..." Sage es dir, wenn es sein muss, hundert Mal am Tag – mit Leichtigkeit und Freude (fühle es, kein Druck) –, bis du es glaubst!

Das Gefühl des Sieges macht dich charismatisch und anziehend, also magnetisch. Du bist einfach in deiner Mitte, du gehst nicht mehr nach außen und holst dir die Bewunderung. Sie wird dir ohne dein Zutun geliefert. Wenn du dies das erste Mal erlebt hast, wirst du wissen, was ich hier schreibe. Und du wirst das Leben in jeder Form genießen. *Denke daran: Du bist auf der Welt, um das Leben mit Freude und Spaß zu genießen.* Durch diese Einstellung und das dazu passende Verhalten wird dein Resonanzfeld entwickelt und perfektioniert. Logischerweise wirst du alles und jeden in dein Leben ziehen, der dir bei der Erfüllung deiner Ziele hilft.

Bleibe immer im Gefühl "des Gelingens und des Sieges" und spüre die Erfüllung. Sei dir gewiss, dass das Unterbewusstsein schnellstens arbeitet – deswegen glaube daran, dass die Lieferung sehr schnell erfolgen kann. Andererseits kann es auch dauern, wenn dein Inneres weiß, dass es für dich von Vorteil ist, denn: Das Ergebnis ist immer perfekt in seiner Lieferung!

Mittels deiner Vorstellungskraft produzierst du deine gewünschte Situation. Du stärkst dein Resonanzfeld und deine Überzeugungen: "Ich bin überzeugt davon, dass ich der Sieger in meinem Leben bin, dass ich attraktiv und charismatisch aussehe und strahle, dass ich in meiner Mitte bin, dass mir alles in meinem Leben mit Leichtigkeit gelingt." Dadurch vermittelst du deinem Gehirn durch die Aktivierung deiner Spiegelneuronen Wissen von außen, das du jetzt zu deinem eigenen machst. Du kannst dieses Wissen dann jederzeit abrufen, denn dein Gehirn glaubt es durch die Einspeicherung. So fühlst du dich gut, sicher und aufgehoben – man kann auch sagen: souverän!

Übrigens: Spiegelneuronen helfen uns, Leistungen von Menschen nachzuahmen, die für uns scheinbar unerreichbar sind. So war es zu allen Zeiten mit allen Menschen. Man konnte sich vor einigen Jahrzehnten zum Beispiel nicht vorstellen, dass ein Mensch die 100 Meter in 9,9 Sekunden laufen kann. Nachdem es der Erste geschafft hatte, liefen in den nächsten zwei Jahren mehrere Dutzend die Zeit, wobei der Beste schon wieder schneller war.

So, und jetzt hole dir bitte wieder deinen Block hervor und schreib dir auf, was du gerne erreichen oder haben möchtest. Schreibe es auf, damit die Gedanken der Begeisterung eine Form annehmen. *Aber tue es – jetzt.* Zeige deine Aufzeichnungen niemandem, aber glaube daran und fange an zu träumen – spüre die Realität.

In diesem Zusammenhang möchte ich dir etwas ans Herz legen: Man hat herausgefunden, dass für das Gehirn die Visualisierung mit allen Sinnen eine Form der Arbeit darstellt. Es ist also keine unsinnige Zeitvergeudung, sondern Action pur – aber zu deinem Vorteil. Nimm dir also bitte täglich ausreichend Zeit, um deine Ziele zu visualisieren! Du sorgst damit für Erfolg und Freude in deinem Leben.

Wenn Sportler (interessanterweise auch Motorradfahrer) krank sind, stellen sie sich das Rennen oder Fahren immer wieder vor – und werden nachweislich schneller gesund als andere Kranke. Warum ist die Visualisierung mit Gefühlen aber so wichtig? Wie wir wissen, ziehen wir Erfahrungen an, die mit unseren Überzeugungen übereinstimmen. Wenn du glaubst, die Welt ist ein liebevoller Ort und voller Liebe, dann erlebst du sie überwiegend auch so. Du musst daran glauben und der Überzeugung sein, dass dir nur Gutes widerfährt – dann wird es auch so sein. Aber noch einmal: Warum ist die gefühlte Visualisierung so wichtig? Weil du bei deiner Visualisierung einfach mit deinem ganzen Körper spüren und fühlen musst, welches Ergebnis du erzielen möchtest. Nur so kannst du es auch anziehen.

Wenn du deinen Wunsch daher eindeutig und gefühlvoll formulierst, verstärkst du die magnetische Anziehungskraft zwischen dir und deinem Wunsch. Und zwar um das Hundertfache! Du stellst dir vor und fühlst, riechst, schmeckst und hörst, wie du den Gegenstand oder die Dienstleistung in Anspruch nimmst. Du weißt und fühlst, welches Ergebnis du erzielen möchtest, damit du es auch anziehen kannst. Du musst genau wissen und davon überzeugt sein, dass du diesen Gegenstand oder diese Dienstleistung wirklich verdient hast. Mit jeder deiner Körperzellen! Du weißt, dass dir das Gewünschte in gewisser Hinsicht bereits gehört. Denn der Wunsch wurde als Bestellung aufgenommen und wird für dich bereits produziert, um ausgeliefert zu werden. Es ist jedoch unabdingbar, dass du davon überzeugt bist, dass du den Gegenstand oder die Dienstleistung oder einfach "nur" das Gefühl verdient hast. Du hast es verdient, verliebt zu sein. Du darfst Glücksgefühle haben und brauchst weder Angst noch Unsicherheit zu dulden.

Sollten aber die negativen Kräfte die Oberhand in dir haben, dann müssen diese mittels eines *Potential-Coachings* aufgelöst werden. Es dauert in den allermeisten Fällen wenige Stunden, auf einige Sitzungen verteilt. Dann jedoch fühlst du dich wie neugeboren! Es ist wie ein Geschenk für dich! Deine Glaubenssätze werden an die Oberfläche geholt, aufgelöst und dann neu programmiert. Dies führe ich auch bei allen Menschen durch, die in bestimmten Lebensbereichen Schwierigkeiten haben oder Unzulänglichkeiten wahrnehmen. Meist wissen sie nicht, warum.

Das Potential-Coaching hilft den Menschen, ihr wahres Potenzial zu entfalten, um ...

... auf leichte Art und Weise neue, erfolgreiche Wege zum Wohle aller zu sehen.

... Hindernisse, die man in sich hat und ausstrahlt, ohne sie zu kennen, aufzulösen.

... das Leben zu führen, das sie eigentlich wollen.

Führe die gefühlte Visualisierung ruhig zweimal am Tag durch, morgens nach dem Aufwachen und abends. Wenn es dir nicht möglich ist, dann nimmst du dir am Wochenende Zeit. Bringe noch deine Herzenergie mit rein. Spüre dein Herz und visualisiere, indem du das Herz als den Ausgangspunkt deiner Bilder betrachtest. Atme über den Bauch ganz bewusst mehrmals ein und aus, wodurch du eine tiefe Entspannung und Zufriedenheit spüren wirst. Stelle dir zusätzlich einen Aufzug vor, den du auf der Höhe deines Gehirns betrittst. Der Lift führt dich hinunter zum Herzen, wo du aussteigst. Du spürst das Pulsieren des Herzens, die Liebe des Raumes und riechst Jasminduft, der dich regelrecht betört.

In dieser Stimmung gehst du vor deinem geistigen Auge in deinem Wunsch vollkommen auf. Zudem stellst du dir genau vor, was du haben möchtest. Sei aktiv in deiner Vorstellung, und höre die Stimmen von Menschen. Geh noch tiefer rein und fühle die Begeisterung, spüre sie, schmecke – geh voll darin auf. Dreh deinen eigenen Kinofilm, damit er auf dem Bildschirm deines Lebens Wirklichkeit wird.

Sieh vor deinem geistigen Auge, ...

... wie du es tatsächlich bist. Wie willst du aussehen und sein?

... wie du lebst. Wie willst du dich fühlen?

... wie du deine Wünsche nutzt. Wie möchtest du dich verhalten?

Lehne dich entspannt zurück, als hättest du den "Vertrag für Fülle und komplette Wunscherfüllung" bekommen. Genieße das Leben in vollen Zügen: "Ich bin zufrieden und glücklich. Es steht mir zu, das Beste zu erwarten und zu erhalten, und ich nehme JETZT dankbar die Lieferungen meiner Bestellungen an!" Setze alle deine Sinne ein. Sprich mit einem virtuellen Freund, denn wir Menschen wollen uns immer mit jemandem austauschen. Teile ihm mit, wie sich das Auto fährt und wie toll die Beziehung ist. Das gilt auch für Partner, die schon seit Jahren zusammen sind. Stelle dir das Ziel farbenfroh vor, mit der Geräuschkulisse und dem passenden Duft. Klicke auf "SPEICHERN", und es wird in deinem Gehirn abgelegt. Das Interessante dabei ist, dass du durch das Abrufen dieses Bildes oder des Filmes deinem Verstand mitteilst, dass das Bild der Zukunft bereits WIRKLICHKEIT ist.

Fühle dich immer wieder glücklich und innerlich völlig reich.

Das deutlichste Zeichen von Weisheit ist anhaltend gute Laune!

Konzentriere dich mehrmals am Tag auf deine Wünsche und Absichten!

Unsere ERWARTUNGEN folgen immer unseren inneren Überzeugungen. So, wie sich die Sehnsucht immer an unseren Nur-Wünschen ausrichtet.

Ich verspreche dir: Die Verwirklichung wird so toll sein, dass du mehr als begeistert über die Lösungsvariante des Universums sein wirst! Zusätzlich sagst du dir – mit völliger Hingabe: "Universum (oder Gott), das ist genau das, was ich JETZT will. Danke, dass du es mir jetzt gibst und dass es mir gehört." Freu dich und bleibe in diesem Gefühl. Dann geh raus und lass los ... Glückliche Menschen bekommen alles, was sie sich wünschen und was ihnen guttut! Sage dir immerzu: "Ich werde geliebt. Ich bin liebenswert. Ich bin Liebe!"

MAXIMIERUNGSGESETZ:

Unbegrenzte Erwartungen werden unbegrenzte Resultate zeitigen, wenn du dich bewusst darauf ausrichtest, erfolgreich zu sein. Du musst hierfür die Entscheidung treffen: "Ich bin erfolgreich." Deshalb gilt: Wünsche dir das Allerbeste! In jedem Lebensabschnitt!

Kapitel 7

Affirmationen

Affirmationen (franz. affirmer = bestätigen, zugleich auch lat. Bekräftigung, Bejahung, Zustimmung) sind kurze, prägnante Sätze. Sie werden in kürzester Zeit zu deinen Überzeugungen und helfen, deine Wünsche und Lebensziele zu erreichen. Affirmationen helfen sehr effektiv, dich und dein Gehirn wie auch dein Unterbewusstsein auf leichte und schnelle Weise neu zu programmieren. So wird das ideale Resonanzfeld für deine Wünsche aufgebaut, damit du das bist oder das erlebst, was du dir zutiefst wünschst.

Affirmationen sind direkte Ansagen – man kann auch sagen: Befehle – an dein Unterbewusstsein, ...
... wer du sein möchtest.
... wie du dich fühlen möchtest.
... was du haben möchtest.
Gleichzeitig werden für dich negative Glaubenssätze
• in vollkommen positive Überzeugungen und
• in starke, angenehme Gefühle und Bilder umgewandelt.
Diese Sätze sind aber nur dann besonders wirkungsvoll, ...
... wenn du sie glaubst.
... wenn du sie mit deinem Herzen fühlst.

Der Vorteil ist, dass sie dich stärken und glücklich machen. Sie werden mittels deiner DNA-Codes nach außen ins Universum abgegeben, um die entsprechende Resonanz und damit die Erfüllung deiner Wünsche zu erzielen. Sie wirken aber zusätzlich auf deine Persönlichkeit ein. Sie machen dich zu dem Menschen, der du wirklich sein willst. Versuche es also einmal:

- Ich bin glücklich und zufrieden.
- Meine Welt ist ein liebevoller Ort, wo die Sonne immer scheint.
- Ich bin attraktiv, charismatisch und liebenswert.
- Ich bin wohlhabend.
- Ich habe viele tolle Freunde und Freundinnen.
- Ich habe die ideale Frau/den idealen Mann an meiner Seite und bin überglücklich in meiner Partnerschaft.
- Meine Kinder sind gesund und vital.
- Ich glaube an mich.
- Ich bin es WERT, dass mir alles, was ich anfange, mit Leichtigkeit gelingt. (Ergänze deine eigenen gewünschten Überzeugungen.)
- Ich liebe meine Kunden, und die Kunden lieben mich.

Mit deinen neuen Überzeugungen wirst du förmlich zu einem Magneten.

Am wirksamsten ist eine Affirmation, wenn du diese nur aus reiner Freude anwendest – also nicht aus dem Mangeldenken heraus. Wir schenken dem unsere Aufmerksamkeit, was wir wollen, nicht dem, was wir nicht wollen. DESHALB: Sende eine Affirmation nicht aus, um etwas zu bekommen, sondern weil du es schon bewusst in deinem Inneren in Besitz genommen hast!

Noch einmal: Denke, sprich und fühle IMMER nur das, was du möchtest – dann wird nur Gutes zu dir kommen. Sei dir bewusst, dass du es dir wert bist!

Damit dies auch Wirklichkeit wird, solltest du die Affirmationen mehrmals am Tag – mit Freude und dem Bewusstsein, dass es so ist – sprechen. Wenn möglich laut und deutlich. Die Aussagen sollen sich für dich leicht und glaubhaft anfühlen. Wenn du Probleme mit den Sätzen hast, dann schwäche sie etwas ab, bis du ihnen zustimmen kannst. Statt mit einem Stechen im Bauch zu sagen: "Ich bin reich", kannst du auch sagen: "Ich genieße es, wohlhabend zu sein." Wenn selbst das noch zu stark sein sollte, sagst du: "Ich würde es sehr genießen, wohlhabend zu sein." Nach einer gewissen Zeit wirst du sicherlich die Aussagen steigern können, bis es sich für dich gut anfühlt zu sagen: "Ich bin reich."

Eine wirksame Hilfe ist es auch, sich die Frage zu stellen: "Warum bin ich reich?" Oder: "Warum bin ich liebenswert?" Du wirst dir aber KEINE Antworten geben. Dein Gehirn bekommt dadurch Aufgaben und hat keine Zeit mehr, dir destruktive Gedanken anzubieten. Stattdessen wird es nach wenigen Tagen anfangen, dir gute Antworten zu senden. In der Zwischenzeit werden deine förderlichen Affirmationen von deinem Unterbewusstsein angenommen und umgesetzt.

Noch einmal: Wenn Affirmationen bei dir nicht richtig wirken oder du diese nicht glaubst, setzt du einfach ein WARUM davor! Du bleibst die nächsten Wochen dabei, täglich diese "Warum-Affirmationen" zu sprechen – und der Erfolg wird dich überglücklich machen!

Die Effektivität deiner Aussagen kannst du noch in zweierlei Hinsicht stärken: Sprich sie morgens und abends vor dem Spiegel und schau dich dabei an. Glaube, was du sagst, und spüre den Wahrheitsgehalt der Aussage. Sei davon begeistert. Beschäftige dich mit dem, was du erzielen möchtest, und nicht mit dem, was ist.

Wenn du also sagst: "Ich sehe attraktiv aus", dann sieh dich auch so. Rede nicht über deine Pickel. Denke auch nicht an deine Pickel. (Oder was immer dich an dir stört.) Aber wenn du sie siehst, dann mach dir leicht und voller Freude mit scherzhaftem Lachen klar, dass diese "Makel" außergewöhnlich sind und etwas Interessantes haben!

Da du dich JETZT NEU PROGRAMMIERST, werden dein Gehirn und dein Unterbewusstsein diese Aussagen annehmen. Sie werden sich so programmieren, dass dir deine Umwelt das in Zukunft bestätigen wird. Wenn du bestimmte Aussagen immer wiederholst, wirst du dich wundern, dass Menschen auf dich zukommen und – dieselben Sätze zu dir sagen! Das ist megageil!

Formuliere die Affirmationen so, als hättest du die Wünsche bereits erreicht. "Ich genieße es, mit meinem Idealgewicht von 70 kg begeisternde Vorträge vor einem riesigen Publikum zu halten." (Bis jetzt hat sich diese Person mit 110 kg geschämt, ohne Pult und mit Kamera vor vielen Menschen zu sprechen.) Das sind "zielspezifische Affirmationen". Es sind Sätze, die an bestimmte Ereignisse geknüpft sind, zum Beispiel: "Ich bin begeistert, dass mein Arzt mir meine völlige Gesundheit bestätigt hat." Diese Affirmation passt, wenn bei dir eine Krankheit festgestellt wurde.

Affirmationen wirken durch ständige Wiederholungen und sollten die ersten 21 Tage mehrere Male, wenigstens 15 bis 20 Minuten am Tag gesprochen werden. Sei von der Erfüllung von ganzem Herzen überzeugt. Je mehr du dich mit deinem Wunschsatz identifizierst, desto intensiver ist die ausgesandte Energie! Gehe fest davon aus, dass dein Wunsch dir bereits gehört oder es in deinem Sinne geschehen ist. Schopfe Kraft und Freude daraus. Denn wir ziehen nur das in unser Leben, was wir auch wirklich fühlen und glauben. Danach gehst du wieder in deinen fröhlichen (!) Alltag.

Hirnforscher haben herausgefunden, dass mit der Konzentration auf ein bestimmtes Thema neue Gehirnnerven wachsen. Andere verkümmern indessen, wenn die damit zusammenhängenden Themen keine Beachtung mehr bekommen. Wenn du 21 Tage lang deine Affirmation gesprochen hast, sind die Nervenbahnen vollständig ausgebildet. Das Gehirn hat deine Aussage dann "geschluckt". Sie ist also im Unterbewusstsein angekommen. Höre dann aber bitte nicht auf, sondern sprich die Sätze weiter – immer dann, wenn dir danach ist. Du kannst zusätzlich beginnen, neue Affirmationen zu sprechen. Achte zudem im Alltag immer darauf, was du sagst, vor allem, wenn Gefühle deine Aussagen "begleiten".

AUFGABE: Nimm dir jetzt deinen Block und schreibe dir deine Wünsche und Anliegen auf, kurz und knapp.

Wie werden Affirmationen erstellt?

- Kurz und knapp.
- Immer positiv und ohne Verneinung. (Denn das Unterbewusstsein kennt weder "nein" noch "kein" oder "niemals". Wenn du also sagst "Ich mag nicht dick sein", heißt das als Programm: "Ich will dick sein!" Lustig, nicht wahr?)
- Immer in der Gegenwartsform formuliert. (Schließlich soll dein Gehirn glauben, dass die Affirmation bereits Wirklichkeit ist!)
- Baue Verben ein, also Aktivität.
- Bringe die gewünschten Gefühle mit ein, die du damit erzielen willst.
- Formuliere immer das beste Ziel.
- Beginne möglichst mit "ICH BIN".

Unterstützung durch gefühlte Visualisierung: Jeden Satz, den du sprichst, musst du mit siegesbewussten und begeisternden Gefühlen ausdrücken. GLEICHZEITIG stellst du dir die Aussage vor deinem geistigen Auge als verwirklicht vor. Dadurch wird die

Aussage deinem Gehirn und deinem Unterbewusstsein schneller und wirksamer eingeprägt!

Wir hatten eingangs gesagt, dass Affirmationen das Gehirn neu programmieren. Nur welchen Teil? Nun, das sogenannte "retikuläre Aktivierungssystem" ist eine Art Filter des Gehirns, der mit dem Aufbau und der Wiederholung der Sätze umprogrammiert wird. Er erweitert deine Wahrnehmung und deine Aufmerksamkeit, so dass du Umstände, Menschen, Geld, alle sonstigen Mittel und Ideen anziehst, die dir bei der Erreichung deiner Wünsche dienlich sind.

Du tust gut daran, die Affirmationssätze als ganz normale Aussagen deinem visuellen oder realem Partner, aber auch deinen Pflanzen oder Haustieren mitzuteilen. Da hochentwickelte Tiere wie Hund oder Pferd auf Schwingungen und Tonfall reagieren, sind sie ideale Partner beim Aufbau deiner neuen Persönlichkeit oder deines Wunsches.

Mach dir klar, dass du lediglich knapp vier Wochen benötigst, um eine neue Persönlichkeit zu kreieren! Mehr Aufwand ist nicht nötig – alles andere ist Fun.

Beim Aufbau und bei der Neuprogrammierung deiner Persönlichkeit ist es wichtig, ...
... keine Zweifel aufkommen zu lassen.
... an dich zu glauben.
... dich selbst zu lieben.
... jegliche Form der Kritik dir gegenüber, auch gegenüber anderen, zu vermeiden.
Wir können erst von anderen Menschen aufrichtig geliebt werden, wenn wir uns selbst lieben. Dazu gehört, uns für alles zu loben, was wir tun. Wenn du dich nicht lobst, wer soll es dann

tun? Übe, indem du dir immer sagst, was du gut gemacht hast! Und sei die Situation noch so einfach. Lobe auch alle anderen Menschen und enthalte dich jeglicher Kritik.

Im Alltag kritisieren wir uns gerne, wenn wir einen Fehler machen, sehen dies aber eher als eine flapsige Aussage. Du weißt aber, dass dein Unterbewusstsein alles in dir abspeichert! Jede Kritik, wirklich jede, minimiert unser SELBSTWERTGEFÜHL und führt dazu, dass wir im Außen kritisiert werden. Je besser du von dir sprichst und von dir überzeugt bist, desto schneller wirken die neuen Affirmationen und desto schönere Erlebnisse ziehst du in dein Leben. Die Eigenliebe zieht Wohlstand an, dazu Fülle aller Art, Sicherheit und das Gefühl, in deiner Mitte zu sein. Warum? Da du dich mit allem, was um dich herum passiert, wohlfühlst und zufrieden bist, sendest du ausschließlich beste Gefühle und empfängst gemäß dem Gesetz der Resonanz die positive Antwort.

Wenn du affirmierst, ist es sinnvoll, den Satz mit "Ich bin" zu beginnen. Du drückst damit aus, dass du BEREITS HAST, wodurch sich wieder Gefühle des Wohlgefühls einstellen. Dein Gehirn wird sich in Sicherheit und Wohlbehagen wiegen.

Der Unterschied von WOLLEN und HABEN ist der, dass du beim Wollen nicht so richtig an die Erfüllung glaubst. Du bleibst deshalb im bloßen Wollen stecken. Das Haben, ausgedrückt durch ICH BIN, drückt ja das "Erfülltsein" bereits aus! Deswegen sagen wir auch: "Ich bin glücklich!" Nicht: "Ich will glücklich sein."

Wenn du FORMULIERST, werden
- 60 Prozent deiner Energie durch deine Körpersprache (Brust raus, lachen, Power, Schultern zurück, zeige Rückgrat und Begeisterung) und
- 40 Prozent durch deinen Tonfall ausgedrückt.

Es ist also wichtig, dass du beim Affirmieren möglichst stehst. Achte auf deine Aussprache und die Kraft, die dahintersteht.

Jetzt kann es sein, dass es dir mal nicht so gut geht und du deine Gefühlslage schnell auf glücklich drehen willst. Dann solltest du positive Affirmationen abrufen, die dir bestätigen, wie gut es dir geht. Eine weitere Form ist das LACHEN. Gehe fünf Minuten ins Lachen. Wenn deine Gesichtszüge aufrichtig lachen, wirst du danach merken, dass sogar leichte Schmerzen verschwunden und die guten Gefühle wieder da sind. Wenn du lachst und für gute Gefühle sorgst, werden die Probleme nicht mehr mit Energie versorgt. Egal, welche Probleme du hast: Lache! LACHEN ist eine gewaltige MACHT! Lachen sorgt für das richtige Gefühl und für die richtige Gedankenfrequenz, da die beiden Gehirnhälften vollkommen synchron arbeiten.

Hast du gewusst, dass Kinder 400 Mal am Tag lachen, Erwachsene im Schnitt aber nur noch 8 Mal? Deswegen geht es den meisten Kindern auch besser als den Erwachsenen. Lachen stellt mit die höchste Form der Dankbarkeit dar (und DANK ist HABEN). Nichts erzeugt so schnell und effektiv Leichtigkeit wie ein LACHEN.

- Wenn du Geldprobleme hast - lache!
- Wenn du Beziehungsprobleme hast - lache!
- Egal, welche Sorgen du hast - lache!

Wenn es mit dem Lachen nicht gleich funktioniert, dann LÄCHLE, gegebenenfalls auch künstlich, aber lächle - in jedem Fall länger als 63 Sekunden. Du wirst erleben, wie dein Korper anfängt, dir gute Gefühle zu senden. Nimm sie an! Merke: Das Leben schickt dir immer das als Verstärker zurück, was du aussendest! Wenn du dich gut fühlst, antwortet das Leben mit: "Ach, du fühlst dich wohl! Du willst noch mehr davon? Aber gerne!" (Umgekehrt gilt das leider auch. Dir geht es eher bescheiden -

dann wird diese Emotion als Erlebnis gesendet.) Das Leben "reagiert" immer – du sorgst dafür, dass etwas ins Rollen kommt (Aktion!); denke daran! Wenn du dich wohl- oder begeistert fühlst, werden deine Bestellungen ausgeführt. Oft schneller, als du dir vorstellen kannst. Freu dich auf das nächste Kapitel!

Merke dir: Immer, wenn es schwierig wird, LÄCHLE! Sonst werden die Beziehungen und die Reichtümer geblockt. Deshalb solltest du den Tag mit Lachen und Zuspruch zu dir selbst beginnen. Damit öffnest du deinen "inneren Kanal" und die "unendliche Weisheit", also deine "innere Kraft" in dir.

Zwei gute Sätze am Morgen für gute Erlebnisse lauten:
- Heute entwickeln sich alle meine Angelegenheiten zu meinem Besten.
- Heute erlebe ich nur Gutes. (Fühle diesen Satz und sei überzeugt davon. Du wirst dich wundern, was dir alles Gutes widerfährt.)

Je mehr du lachen kannst, desto mehr Leichtigkeit und Gelassenheit strahlst du aus. Entsprechend wirst du diese Reaktionen ernten! Glücklicherweise! Es ist wissenschaftlich belegt, dass Lachen das Immunsystem stärkt, die Produktion der Glückshormone Dopamin, Serotonin und Endorphin steigert und gegen Stress hilft! Der Pegel von Stresshormonen sinkt, wenn wir lang, andauernd und herzhaft lachen. FOLGE: Wer lacht, lebt einfach besser!

Wenn du lachst, kommst du wieder an deinen Spaß, den du vielleicht verloren oder vergessen hattest. Durch regelmäßiges Lachen kommen auf jeden Fall mehr Leichtigkeit, Gelassenheit, Fröhlichkeit und Selbstvertrauen in dein Leben. Und das ist wiederum die Voraussetzung, damit dein eigenes Selbstwertgefühl zunimmt! *Sage dir mehrmals am Tag: "Take life easy!" Oder: "I enjoy my life, yeah!"*

Geld, Gesundheit und Liebe, auch der richtige Beruf sind die wichtigsten Themen im Leben eines Menschen. Deshalb habe ich dir einige Affirmationen hierzu zusammengestellt:

Partnerschaft

Für ein glückliches Leben ist eine ideale Liebesbeziehung notwendig. Doch gerade das zu erleben, ist für viele Menschen ein lebenslanges Thema.

Da die meisten Menschen niemals eine großartige Liebesbeziehung hatten und sie auch im Elternhaus oft nicht miterleben konnten, ist das Programm natürlich auf Mangel und Scheitern "geeicht". Wie soll man da eine ideale Partnerschaft anziehen? Denn wir können natürlich nur das anziehen, was wir für wahr halten! Lösung: Der einzige Weg besteht darin, dein Gehirn und dein Unterbewusstsein neu zu programmieren. Die ständige Wiederholung, mit Gefühlen der Begeisterung und Freude aufgeladen, macht dich zu einem Magneten für deinen Wunsch - einen Wunsch, den du garantiert anziehen wirst. Du musst natürlich davon überzeugt sein, dass dein Wunsch auch ausgeliefert werden kann!

Du erhältst jetzt eine wirksame Formel, um deinen Partner oder deine Partnerin anzuziehen: "Ich freue mich über (oder: danke für eine) liebevolle, harmonische Beziehung (Partnerschaft) zu einer Frau (Mann), die (der) ... (jetzt alle gewünschten Eigenschaften notieren). (Denke auch an die Gefühle!) Die (der) leidenschaftlich, ehrlich, treu, wohlhabend, lustig, herzlich ist, auf echte Weise stark, die (der) mir gleichwertig ist und eine Lebenspartnerschaft mit mir eingeht!"

Reichtum und Wohlstand

"Ich heiße jederzeit meinen Ruhm und meinen Erfolg von Herzen willkommen!"

"Geld strömt im Überfluss in mein Leben." (Anstatt: "Ich habe nie genug Geld in meinem Leben.")

"Heute ist ein wunderbarer Tag. Geld kommt über unerwartete und erwartete Kanäle zu mir."

"Mein Einkommen nimmt ständig zu, und ich lebe das Leben eines Millionärs/eines wohlhabenden Mannes/einer wohlhabenden Frau, um ein selbstbestimmtes und erfülltes Leben zu führen. Ich bin frei, gesund, glücklich, reich und genieße die Fülle meines Lebens."

"Meine Geschäftserfolge übertreffen alle meine Erwartungen."

"Meine Auftragsbücher sind immer voll."

"Meine Projekte entwickeln sich äußerst glanzvoll."

"Meine Produkte stoßen auf eine sehr hohe Nachfrage und werden gerne gekauft." (So fühlt sich alles gut an.)

"Mein Einkommen wächst kontinuierlich und nimmt tagtäglich zu."

"Ich habe immer reichlich Geld auf der Bank/auf den Banken, um mir ein schönes, angenehmes Leben zu leisten."

"Von überall und von allen Seiten kommt Gutes auf mich zu, denn ich verdiene nur Gutes und empfange nur Gutes aus erwarteten und unerwarteten Quellen. Ich bin über alle Maßen gesegnet."

"Alles Geld, das ich ausgebe, bereichert die Gesellschaft und kommt vermehrt zu mir zurück."

"Ich bin erfolgreich, glücklich und wohlhabend."

"Ich bin mit der grenzenlosen Fülle des Universums verbunden."

"Ich bin es WERT, Wohlstand in mein Leben zu ziehen."

Beruf und Kreativität

"Ich setze mit Leichtigkeit meine beruflichen und kreativen Tätigkeiten sowie Talente zur Entfaltung meines höchsten Potenzials ein."

"Ich besitze ein unbegrenztes Potenzial; nur Gutes liegt vor mir."

"Ich arbeite für tolle Auftraggeber."

Allgemeines

"Ich kann leicht meine Rechnungen bezahlen."

"Ich erwarte immer das Beste und respektiere mich. Ich verdiene heute und in Zukunft immer nur das Beste."

Schaue jetzt in den Spiegel: "Ich liebe dich (das bist du). Ich glaube an dich. Du verdienst es, glücklich, wohlhabend, gesund, verliebt und in jeder Hinsicht erfolgreich zu sein."

"Ich bin ein Glücksmagnet und ein Geldmagnet."

"Für mich ist jetzt und allezeit gesorgt."

"Glück ist mein natürlicher Zustand."

"Ich verdiene es, respektiert, geliebt und bestens behandelt zu werden."

"Ich werde geliebt. Ich bin liebenswert. Ich bin Liebe!"

"Ich bin liebenswert, wertgeschätzt und vollkommen."

"Ich führe jetzt mein ideales und vollkommenes Leben."

"Ich liebe die Menschen, die Tiere und die Pflanzen, und die Pflanzen, die Tiere und die Menschen lieben mich."

"Ich bin es mir wert, erfolgreich, gesund, vital, verliebt, wohlhabend und glücklich zu sein."

"Ich bin mutig, stark und charismatisch."

"Ich gestalte mein Leben (oder: alles, was ich will) mit Leichtigkeit."

"Ich bin immer zur richtigen Zeit am richtigen Ort mit den richtigen Menschen und führe mit Leichtigkeit genau das Richtige durch."

Tipp: Egal, was du möchtest: Füge bei deinen Affirmationen immer "Leichtigkeit" oder "leicht" hinzu. Der Druck darf aus deinem Leben vollständig und für immer entweichen.

Gesetz der Wiederherstellung

Im Leben kommt es vor, dass man Verluste und Rückschläge erleidet. Wir glauben dann, dass das Leben ungerecht ist. Aber stimmt das? Nein. Es ist vielmehr so, dass uns wichtige Gesetze nicht vermittelt wurden. Aber ich habe jetzt eine Ansprache für dich, ein Gebet, das dir hilft, alles Gute zu dir zurückzuholen. Sprich es deutlich, laut und voller Gewissheit, dass diese Aussage in deinem Leben eintreffen wird, aus:

"Ich berufe mich auf das GESETZ der WIEDERHERSTEL-LUNG: Mein Höchstes und Bestes aus Vergangenheit und Gegenwart wird mir universell erstattet. Alles, was für mich bestimmt ist und war, ist noch präsent und für mich in seinem besten Zustand abrufbar. Ich nehme alle Geschenke und alles Gute aus meinem jetzigen Leben ebenso dankend an. Ich bekomme nun mein Höchstes und mein BESTES für mich und alle meine Lebensbereiche. Alles Gute aus Vergangenheit und Gegenwart fließt nunmehr in mein Leben, ich nehme es dankend an und freue mich."

Grundsätzlich bedeutet ERFOLG für dich Überzeugung. MERKE: Die mächtigste Formel für unseren Erfolg ist die INNERE Überzeugung! WICHTIG: Deine Erwartung muss von einem positiven Ausgang ausgehen. Unbegrenzte Erwartungen werden unbegrenzte Resultate zeigen, wenn du dich bewusst darauf ausrichtest, erfolgreich zu sein! Das GESETZ der ANZIE-HUNG besagt, dass die Welt dich nur so behandeln kann, wie du dich selbst wahrnimmst! DESHALB:

Betrachte dich als eine wertvolle Person,

- die große Fähigkeiten hat und
- die den Erfolg verdient.

Hege nur die besten Gedanken über dich. Liebe und akzeptiere dich bedingungslos!

Auch hierzu habe ich einen Tipp, der auch gleichzeitig eine Übung für dich ist: Schreibe dir auf, was du über dich hören möchtest.

Egal, was dein Wunsch ist, was du beruflich machen möchtest – alles gelingt dir, wenn du deine innere Ansprache zuerst neu programmierst – dann wird im Außen genau das passieren, was du möchtest.

Wenn du ein bekannter Maler sein möchtest, aber nicht weißt, wie du dich bekannt machen sollst (oder deine Verwandtschaft dir sagt, dass du nicht genug Talent hast), dann schreibe dir Sätze auf wie:

- Alles, was du, Sabrina, malst, wird gerne gesehen und gekauft.
- Alles, was du, Sabrina, mit deinen Bilder ausdrücken möchtest, wird gerne gesehen.
- Du, Sabrina, hast alles, was eine bekannte Malerin ausmacht.
- ....

Führe diese Übung die nächsten 30 Tage durch, schreibe dir selbst E-Mails, Karten etc. Wenn du innerlich überzeugt bist, wird das Leben entsprechend antworten. Kein Mensch braucht Urkunden, wenn seine Seele sich ausdrücken möchte. Wir gehen gerne zu *überzeugten* Menschen! So einer, wie du bist oder sein wirst!

Kapitel 8

Wie du richtig bestellst

Wir haben bereits im letzten Kapitel Hinweise erhalten, die auch für das richtige Bestellen gelten. Bevor du jetzt damit anfängst, solltest du deinen Block hervorholen und alle deine Wünsche kurz und knapp notieren. Oder ergänze sie, wenn du es bereits gemacht hast. Mach dir keine Gedanken, ob sie für dich realistisch klingen oder nicht - tue es einfach. Du hast dann eine Arbeitsgrundlage, um die nachfolgenden Hinweise für richtiges und wirksames Bestellen sofort umzusetzen.

Bevor du dir etwas wünschst, solltest du dich allerdings eingehend loben. Das solltest du sowieso den ganzen Tag über tun. Schreibe dir auf ein Blatt: Was habe ich heute schon Gutes für mich getan? Was habe ich heute schon Gutes über mich gedacht, gesagt? Betrachte dich als eine wertvolle Person,
- die große Talente und Fähigkeiten hat und
- den Erfolg in jeder Hinsicht verdient.

Der Grund für dieses positive Selbstbild? Du bist auf der Welt, das genügt! Sobald du glaubst, dass du noch eine Anerkennung - vielleicht in Form einer Urkunde oder eines Zeugnisses - benötigst, trittst du quasi zur Seite, also aus deiner Mitte. Du verlierst deinen Schutz und wirst zur Zielscheibe für die anderen. Oder du "bettelst" um Anerkennung und Liebe!

Denke nur die besten Gedanken über dich. Liebe und akzeptiere dich bedingungslos. Bedingungslos heißt: Es gibt KEINE

Bedingung. Du bist auf der Welt. Das genügt! Überschütte dich mit positiven Gedanken und wiederhole deine Affirmationen! Wenn es sein muss bis zu 100 Mal am Tag – so lange, bis sich deine Einstellung zum Positiven hin verändert hat!

Was tust du dir Gutes jeden Tag, jede Woche? Wo zeigst du dir deine Wertschätzung? Du weißt inzwischen: Nur wer sich respektiert und liebt, der kann von anderen respektiert und geliebt werden. Schau in den Spiegel, und sage dir jeden Morgen und jeden Abend: "Ich achte und respektiere mich. Ich erwarte das Beste. Ich verdiene heute und in Zukunft das Beste. Ich liebe dich, ich glaube an dich. Du siehst super aus, du ...! (Was fällt dir noch ein?) Ich verdiene es, glücklich zu sein."

Bitte verinnerliche:
> Die Energie fließt immer dorthin, wohin deine Gedanken,
> deine Aufmerksamkeit und deine Absicht gehen!

Kennst du noch die Formel, die das Gesagte auf den Punkt bringt?
Beachtung bringt Verstärkung, Nichtbeachtung bringt Befreiung!

Du hast dir deine Wünsche bereits aufgeschrieben – und das ist wichtig, denn wenn wir die Gedanken zu Papier bringen, wird uns bewusst, was wir eigentlich wollen. Das Universum sieht, dass wir jetzt die Gedankenteile, wie Verträge, in eine Form gebracht haben. Feinstofflich ist es so, dass du das Gesagte festhältst. Du dokumentierst bereits die Absicht, dass du es auch haben willst! Wenn du etwas mit der Hand schreibst, geht es außerdem viel stärker und schneller in dein Unterbewusstsein über. Du musst es fühlen und wissen, dass du es bereits hast. Es funktioniert nicht, wenn du nur um das bittest, was du dir wünschst! Noch einmal: Du musst es fühlen und wissen, dass du es bereits hast!

Wie formuliert man seine Wünsche, was ist das Einmaleins hierzu?

1) Formuliere immer in der Gegenwart!

Selbst wenn du einen zukünftigen Termin in die Bestellung aufnimmst, wirst du in der Gegenwartsform schreiben, dem Präsens, zum Beispiel: "Im Herbst, am 21.10.20XX, trete ich die neue Stelle an."

2) Formuliere immer nur positiv und ohne Verneinung!

Denke bitte daran, dass das Unterbewusstsein sich Verneinungen wie NEIN, KEIN, NIEMALS nicht merken kann und jeden von dir ausgesprochenen Satz OHNE die Worte abspeichert! Beispiel: "Ich will nicht mehr krank werden" wird verarbeitet in "Ich will krank werden". Das Unterbewusstsein wird sich an die Verwirklichung machen und anfangen, dein Immunsystem zu schwächen, mit dem Ziel, dass du krank wirst. So verhält es sich mit allen Formulierungen.

3) Formuliere immer nur das Beste und das Höchste!

Sieh bei allem, was du tust, IMMER NUR das BESTE und das HÖCHSTE! Wir sind auf der Welt, um das Beste für uns zu erhalten! Höre auf deine innere Stimme. Frage dich: Was ist das Beste, was ich in dieser Situation haben möchte?

4) Schreibe auf, WARUM du den Wunsch haben möchtest!

Dir ist dann die Absicht klar und bewusst, warum du etwas haben möchtest. Du kannst es mit Argumenten unterlegen. Es motiviert dich, an deine Wünsche zu glauben – du bist überzeugt davon.

5) Rede bitte mit niemandem über deine Wünsche, bis sie auch für andere sichtbar und da sind!

Merke: Das Rennen ist gewonnen, wenn man über der Ziellinie ist – und nicht wenn man sie erst sehen kann. Die Gefahr ist groß, dass andere dich unsicher machen und negative Gefühle in dir entstehen lassen. Außerdem bedeutet das vermeintliche "Schon-sicher-Haben", dass du die Kräfte des Universums abschaltest und alleine weitermachen möchtest. Dies kann aber auch den Verlust deiner Wünsche oder deren Verzögerung bedeuten. Diesen Fehler haben schon viele Fußballtrainer gemacht, letztmals Bayern München gegen Inter Mailand. Louis van Gaal sagte bei der Meisterfeier, dass sie die Besten seien, auch von Europa. Das mag ja stimmen, nur: Im Champions-League-Finale gewann Inter, obwohl Bayern über 60 Prozent mehr Spielanteil hatte. In dieser Hinsicht haben die Trainer noch viel zu lernen!

Merke dir: Im Inneren bist du vollkommen überzeugt von deinem Wunsch, deinem Sieg. Im Außen schweigst du, damit die universellen Kräfte dich unterstützen und dir niemand reinreden kann.

6) Formuliere immer mit Verben, die Aktivität ausdrücken! (Zum Beispiel: Ich fliege mit meiner Freundin in den Sommerferien 2015 in der 1. Klasse nach Brasilien.)

7) Formuliere kurz, deutlich und vor allem genau! Du kannst dir die Formulierung immer wieder wie ein Mantra vorsagen, damit sie in dein Unterbewusstsein fällt. Oder nutze eine andere Möglichkeit: Du kannst die Formulierung auch mit einem schönen Ritual unterstützen, nachdem du es für dich klar festgelegt hast. Lies deine Formulierung laut vor und verstecke sie dann, vergiss sie oder Ähnliches. Damit zeigst du dein Vertrauen in das Universum! Nimm die Version, die dir richtig erscheint.

8) Lebe so, als gehöre dir der Wunsch bereits! Damit schickst du ein eindeutiges Zeichen ans Universum, dass du JETZT für den "Wunsch" bereit bist (tu so, als ob)!

9) Fühle deinen Wunsch!

Bringe immer die Gefühle mit hinein, die du erleben möchtest. Das ist sehr wichtig, da wir über Gefühle mit dem Universum kommunizieren und wir nun einmal fühlen – als Ausdruck unserer Seele.

10) Überlasse die Lösung dem Universum!

Wenn du professionell bestellen möchtest, wirst du immer die gewünschten Gefühle bestellen und die Lösung hierzu dem Universum überlassen. Dies wird sich dir erschließen, wenn du schon einige erfolgreiche Erfahrungen mit dem Bestellen hinter dir hast.

11) Frage dich, warum du den Wunsch in dir trägst!

Es ist wirklich sehr wichtig, dass du dich fragst: Warum will ich diesen Wunsch haben? Was verbirgt sich dahinter? Steht hinter dem Wunsch noch ein anderer, tieferer Wunsch? Viele Menschen haben Wünsche, vor allem materieller Art. Wenn sie diese Dinge dann in Besitz genommen haben, verlieren sie ihre Faszination und man will andere, meist bessere, teurere Gegenstände haben. Die Werbung setzt genau da an und vermittelt uns, dass wir noch mehr, noch schönere Dinge brauchen. Und was die Werbung nicht schafft, das erreichen unsere Freunde und Bekannten. Das fängt schon im Kindergarten an: Markenschuhe, Markenkleider, besondere Urlaube ... Schon die Kinder lassen sich davon anstecken und bringen ihre Eltern zur Verzweiflung: "Das muss ich haben. Der Franz, die Marie haben das auch schon, warum ich nicht?"

Hast du dich einmal gefragt, warum das auch in deinem Leben so war? Jeder von uns war schon mehrere Male in dieser Situation. Ganz besonders traurig sind Menschen, wenn sie sich bestimmte Gegenstände nicht leisten können oder sie nicht geschenkt bekommen. Wir Menschen wollen glücklich sein – und daraus entspringen unsere Sehnsüchte nach Liebe, Anerkennung und der Position der Nummer 1 inmitten einer Gemeinschaft. Was, wenn wir als Kind keine Anerkennung und vollkommene Liebe bekamen oder diese Wertschätzungen nur sehr dürftig ausfielen? Dann haben wir später dieses Gefühl, zu kurz gekommen zu sein. Daher verlieren wir uns in Ersatzbefriedigungen. Wir wünschen uns andauernd neue Dinge, Gelegenheiten und Umstände, die uns guttun.

Nur: Wenn der ganz tiefe Ur-Wunsch, nämlich geliebt zu werden, nicht befriedigt wird, muss die Faszination an allen Dinge, die wir bekommen, mit der Zeit verpuffen. Dies ist nun einmal so. Sonst würden auch die "schönen Dinge" wie Sex, Alkohol, Drogen und Religion sowie Sekten eine anhaltende Wirkung zeigen. Wie wir aber wissen, verlieren sie schon nach wenigen Stunden ihren Reiz. Und dann wollen wir noch mehr. Das Gehirn sendet das Hormon Dopamin aus, wenn wir Sex oder Alkohol genossen haben. Gerade bei Alkohol oder härteren Drogen hat man herausgefunden, dass das Gehirn die Menge an Dopamin bei konstant gleicher Menge "Stoff" zurückfährt. Was macht also der Mensch? Er steigert die Dosis oder die Menge an Alkohol, Drogen oder Sex (wenn Liebe kaum eine Rolle spielt). Die Abhängigkeit hat eingesetzt; die Sehnsucht nach der inneren, tiefen Liebe und Zufriedenheit bleibt!

Deswegen kann es auch sein, dass Bestellungen nicht geliefert werden: Wenn du um etwas bittest, das gar nicht deinen wahren Bedürfnissen entspricht. Sondern weil du eigentlich ein Gefühl befriedigt haben möchtest, das etwas sehr viel tiefer in dir berührt.

Ein wirksames Mittel, um dich dahingehend umzuprogrammieren, ist die nachfolgende Affirmation:

"Ich bin liebenswert! Ich bin auf der Welt, um geliebt, geschätzt und vergöttert werden!"

Wiederhole diese Affirmation – wenn es sein muss – hundertmal am Tag, freudig und begeistert; fange jetzt damit an. Wenn diese Affirmation Wirklichkeit in deinem Leben geworden ist, werden deine wahren Wünsche zur Geltung kommen und du wirst dir das wünschen, was dir wirklich guttut. Nur, was ist das? Höre in dich hinein. Nimm dir Zeit, zieh dich zurück und frage deine innere Stimme, dein Höheres Selbst (frage wirklich so, als hättest du einen Gesprächspartner vor dir): Was will ich? Wer bin ich? Was tut mir gut? Notiere dir die ersten Antworten! Denn sie sind die wahren Elemente deines Seins.

Eine ganz wichtige Antwort wird die Frage nach deiner Lebensaufgabe sein! Ich habe diesem Thema ein eigenes Kapitel gewidmet, weil es essenziell ist: Warum bist du auf dieser Erde? Welche Vorteile hat dein Dasein für dich?

Übrigens: Was, wenn es dir schwerfallen sollte, die Affirmation "Ich bin liebenswert" zu sprechen, weil dein Verstand dir sagt, dass dies gar nicht so sei oder du dich nicht wohl dabei fühlst? Dann kannst du die Aussage erst einmal abschwächen und sagen: "Es wäre schön, wenn ich liebenswert wäre." Später kannst du es erweitern: "Ich mag mich", und dann kommst du zu dem Satz: "Ich bin liebenswert." Gibt es nach einer gewissen Zeit immer noch Probleme, nimm ein Potential-Coaching in Anspruch; das solltest du dir wert sein!

Denke daran: Wenn du die für dich nachteiligen Muster aufgelöst und neue Muster, die für dich von Vorteil sind, installiert hast, wird das Leben dir das bringen, was dir guttut, wonach du dich sehnst. Ich kann es gar nicht deutlich genug sagen: Sie sind wie unser deutsches Grundgesetz – die tief in dir sitzenden Glaubenssätze und damit deine Überzeugungen, die du ständig in deine Umgebung ausstrahlst und die dir dann auch als deine Erfahrungen gespiegelt werden. Das Grundgesetz steht vor allen anderen Gesetzen. Erst wirkt das Grundgesetz, dann kommen die Bundesgesetze. Merke dir: Erst müssen die Grundmuster – in dir – geändert werden, dann werden deine Erfahrungen sich zu deinem Vorteil verändern!

Wenn du dann mit dir glücklich bist, dich zutiefst liebst, werden deine gelieferten Wünsche eine so tiefe Dankbarkeit in dir auslösen, dass du viel Spaß und Freude damit haben wirst! Anders ausgedrückt: Wenn du frei von dich behindernden Sätzen bist, wird dir dein Unterbewusstsein alle deine Wünsche, oft genug sehr schnell, erfüllen!

12) Danke für die Lieferung!

Bedanke dich bei allen Bestellungen, und zwar so, wie du dich bei jemandem bedankst, der dir hilft oder etwas besorgt. Das Danken ist eine kleine, aber ganz besondere Form der Übergabe unserer Wünsche. Du übergibst deine Wünsche und Sorgen voller Vertrauen und in der hundertprozentigen Gewissheit dem Universum, dass es die Lösung oder deinen Wunsch schnellstens und bestens liefert! Durch dieses Bewusstsein kannst du alles loslassen. Du denkst also nicht mehr an deinen Wunsch, sprichst nicht mehr darüber und gehst deiner Alltagsbeschäftigung nach. Du freust dich deines Lebens. Du sagst zu deinen Bestellungen:

"Liebes Universum! Ich danke dir für die schnelle und beste Erfüllung all meiner Wünsche (du kannst sie auch konkret benennen). Teile mir deutlich mit, wenn ich etwas tun kann. Zwischenzeitlich tue ich das, was mir gefällt. Ich danke dir für deine Hilfe."

"Ich gebe die Situation ab und kümmere mich nicht mehr darum. So gebe ich nur noch Energie in meine Wünsche und zweifle nicht."

"Ich weiß, dass das Universum/das Leben sich darum kümmert! Ich fühle mich also so sicher, dass ich wieder meinen Tag genießen kann."

Da dir der WUNSCH auf der höheren Ebene BEREITS GE-HÖRT, verhältst du dich (in deinen Gedanken und Gefühlen, im Alltag) bitte entsprechend!

13) Danke im Voraus!

Eine besondere Form des Dankens: im VORAUS DANKEN! "Lieber Gott/liebes Universum, ich danke dir, dass du mir das Auto bereits geschenkt hast!" Das bedeutet, du redest so, als hättest du das, was du dir wünschst, schon erhalten. Der Effekt ist, dass du das Gewünschte sehr schnell anziehst. Außerdem kannst du so nicht zweifeln oder dich schlecht fühlen, stimmt's? In der Bibel gibt es einen Passus, wo genau dies steht: "Glaube, dass du bereits empfangen hast, und du wirst haben!" Also: Formuliere deinen Wunsch ans Universum, und dann sagst du, wenn dir danach ist oder einfach im Alltag: "Lieber Gott/liebes Universum, ich danke dir, dass du mir bereits geholfen hast/du mich gesund gemacht hast/du dieses Projekt zum Erfolg geführt hast/du mir die perfekte Partnerschaft geliefert hast/du mich reich gemacht hast!"

14) Gehe in die Leichtigkeit!

Alles geschieht LEICHT. Dies solltest du dir immer wieder sagen und dich daher entspannt verhalten. Du musst dir kein Zeitlimit setzen. Du kommst immer in die Entspannung, wenn du dreimal ganz tief aus dem Bauch aus- und dann wieder in den Bauch einatmest! Sage dann: "Ich bin überzeugt davon, dass alle meine Bestellungen geliefert werden, ohne dass ich mich anstrengen oder mir ein Zeitlimit setzen muss." Ich gebe dir gerne einen weiteren Tipp, um in die Leichtigkeit zu kommen: Sage die Worte mit viel Gefühl, "VIBRIERE". Achte auf deinen Bauch. Es ist, als seist du verliebt. "Ich akzeptiere, dass alles mit Leichtigkeit auf mich zufließt, denn es ist Teil des universellen Verlaufs."

15) **Lass keine Zweifel aufkommen, die dich nur schwächen!**
Du hast die besten Kräfte, wenn keine Zweifel aufkommen.
Zweifel sind das genaue Gegenteil dessen, was du dir wünschst.
Unsere Erwartungen folgen immer unseren Überzeugungen. Die
Sehnsucht folgt "nur" unseren Wünschen! Deshalb solltest du
deine Affirmationen immer wieder mit folgenden Formulierungen
beginnen:

- "Ich bin überzeugt davon, dass ..."
- Oder: "Ich lebe in der Gewissheit, dass ..."
- "Ich bin es (mir) WERT, dass ..."
- "Ich genieße, dass ..."

Das heißt, an das zu glauben, was du sagst!

16) **Bestellungen können auch als ABSICHT erfolgen!**
Erst durch die ABSICHT holst du das Bestellte in dein Leben!
Sei dir immer bewusst, worauf du dich konzentrierst: nämlich
auf das Gute! Schreibe dir immer die Absicht auf – und schreibe
sie mehrmals, wenigstens aber fünf Mal, ab. So hat sich die Absicht auf einer höheren Ebene bereits manifestiert.

Auch wenn du Umstände hast, die schlecht für dich aussehen,
solltest du dich immer auf das Gute konzentrieren. Du solltest
dann auch so denken und fühlen und schließlich das Ziel nie-
derschreiben. Hast du mit jemandem oder einer Situation Probleme, hilft die Absicht: "Gottes Liebe wirkt in dieser Situation
auf vollkommene Weise, und alles ist gut!"

Und dann schreibst du auf, was du möchtest!

Affirmationen, die deine Absicht kundtun, solltest du mehrmals aufschreiben und sie wirken lassen. Wenn die Umwelt sagt,
dass ein bestimmtes Projekt zum Scheitern verurteilt sei, sagst du
zu dir – und schreibst es auf: "Allen Unkenrufen/Meinungen zum
Trotz: Ich habe großen Erfolg in dieser und in allen meinen Angelegenheiten!" Oder: "Allen Unkenrufen zum Trotz: Ich bin gesund und bleibe immer gesund!" Dies kannst du sagen, wenn die

Grippezeit wieder da ist und dir alle sagen, dass du wahrscheinlich auch krank wirst. Noch besser ist es natürlich, wenn du vor der sogenannten Grippezeit damit beginnst. Ich kenne Grippe seit Jahren nicht mehr, und das ist gut so. Ich bin es mir wert – und du dir ab heute sicherlich auch.

Mit der Absicht kannst du auch deine Zukunft bestimmen! Schreibe dir in wenigen Sätzen auf, was du morgen, nächste Woche erleben möchtest. Wiederhole (schriftlich) das Geschriebene mehrere Male und lasse dann los. Wenn du doch daran denkst, bedankst du dich bei Gott oder dem Universum im Voraus, dass er oder es bereits geliefert hat. Beispiel: Es ist Winter und es soll schneien. Dann schreibst du, dass du nächste Woche nach XY hin- und zurückfährst, die Straßen frei sind, das Wetter gut ist, du gute Gespräche führst und so weiter. Danke! Du stellst dir das Gesagte mit Gefühlen vor, als "gefühlte Visualisierung"! Das war`s. Schreibe das Ganze einige Male ab. Lege es danach weg!

Was ich dir hier dokumentiert habe, funktioniert! Es macht dir die Zukunft zur Gegenwart.

Kläre immer deine Absicht, in jedem Abschnitt deines Tuns. Die Folgen der Absicht sollten immer Freude, Erfolg, Fülle, Reichtum, Liebe, Gesundheit, Wertschätzung sein – mit Win-win-Situationen. Lies deine Wünsche, die du als Absicht in Form von Affirmationen niedergeschrieben hast, morgens und abends durch. Gerne auch tagsüber!

17) Sei gelassen!

Du darfst den Wunsch nicht "verzweifelt benötigen". Bewahre vielmehr eine gewisse Gelassenheit! Nimm die Haltung ein, dass es in Ordnung ist, wenn es nicht eintrifft oder in einer anderen Form als erwartet. Wenn du gelernt hast, dass deine Absichten eintreffen, bist du sowieso "cool".

18) Bestellungen nach dem "S-C-Programm"

Diese Methode baut auf der Absichtsvariante auf und berücksichtigt alle Punkte dieses Kapitels und dieses Buches, also gefühlte Visualisierung, gute Gefühle und so weiter. Bei deinen Bestellungen und Absichten, die als Affirmationen niedergeschrieben werden, setzt du deinen Vornamen dazu, wenn es dich betrifft – und das sollte es ja wohl meistens. Am Schluss fügst du dann hinzu: "Mein Bewusstsein (oder: mein Verstand) akzeptiert das." Oder: "Mein Verstand hat das akzeptiert." Beispiel: "Ich, Christian Scheurer, begeistere mit Leichtigkeit weltweit Millionen von Menschen. Mein Verstand hat dies akzeptiert! Ich danke dem Universum hierfür!" Oder mit Verstärkung: "Lieber Gott, ich danke dir, dass ich, Christian Scheurer, mit Leichtigkeit weltweit Millionen begeistert habe." Wozu dient diese Verstärkung? Du denkst und fühlst dann, dass die getroffene Aussage sich bereits erfüllt hat. Denke bitte auch an Punkt 8. Verhalte dich auch im Alltag so, als seien die Menschen begeistert und dass sie dir das auch zeigen. Führe ein Zwiegespräch mit dir. Sei begeistert. Fühle diese Begeisterung (oder was es auch ist). Drücke sie körperlich aus. Gehe geistig auf die Bühne. Höre die begeisternden Schreie der Menschen. Wie fühlt sich das für dich an? Mit diesem Gefühl gehst du jetzt auf die Straße. Dein Verstand wird so mit einbezogen, und die Realisierung deines Wunsches wird wahr. Schneller, als du es (vielleicht) glauben kannst! Wichtig: Stelle dir das Gesagte mit Gefühlen vor, als "gefühlte Visualisierung"! Also mit allen Sinnen!

Ich habe oben angemerkt, dass du das Gesagte auch aufschreiben solltest. Seit meiner Schulzeit habe ich alles, was ich in Seminaren und so weiter je hörte, mitgeschrieben. Ich kann mir deshalb vieles sogar nach Jahren bis heute merken und es abrufen. Zwischenzeitlich weiß ich auch, dass das SCHREIBEN eine Form der Bestellung ist. Viele spirituelle Meister, aber auch Unternehmensberater raten dir, alles in eine schriftliche Form zu bringen.

Wenn du etwas schreibst, hat es die Tendenz, sich zu verwirklichen. Wenn du es aber fünf Mal schreibst, wird die Absicht manifestiert. Wenn du in "schwierigen" Fällen deine Aussage 15 Mal und öfter niederschreibst und das Gefühl des Erfolges spürst, öffnen sich alle Türen! Jetzt habe ich sogar gelesen, dass man ruhig 30 Mal schreiben soll, was man sich wünscht, wobei die Aussagen alle drei Sätze etwas abgeändert werden sollen. Wenn es dich interessiert, google einfach mal nach: Schweitzer, "Die Zauberformel für das Leben". Am Ende der Seite schreibst du die Überzeugung auf: "Mein Unterbewusstsein hat alle meine Worte angenommen und akzeptiert. Sie sind die Wahrheit." Ähnlich schreibt es Schweitzer in seiner "Zauberformel des Lebens". Die Stärke dieser Bestellmethode liegt in der täglichen Wiederholung. Das Gehirn ist auf diese Art und Weise ständig mit deinen Sätzen beschäftigt, bis diese im Unterbewusstsein verankert worden sind. Wie habe ich dir schon gesagt? "Beachtung bringt Verstärkung!"

Welche Methode du nimmst, bleibt dir überlassen. Du kannst natürlich auch alle anwenden. Manche konzentrieren sich auf das Universum. Sie stellen eine kosmische Standleitung her, formulieren ihren Wunsch und vertrauen - auch in diesem Fall wird geliefert. Das Anliegen ans Universum zu richten, um es dann abzugeben - sprich zu vertrauen: Auch das funktioniert. Die Methode, Gott im Voraus zu danken - auch das trägt Früchte und ist noch stärker in der Wirkung. Wichtig ist immer, dass es dir gut geht und du bestellst. Wenn du aber deine Persönlichkeit umprogrammieren möchtest, ist eines unabdingbar: die tägliche Ansprache mit gefühlter Visualisierung zur Unterstützung und Verstärkung! Und das Schreiben von Affirmationen bringt dir schnelle und sichere Erfolge.

Je länger du arbeitest, desto eher bist du mit dem Universum verbunden. Dann wird ein klarer Gedanke ausreichen, damit deine Gedanken und Wünsche Wirklichkeit werden – gerade dann, wenn er visuell und mit dem Gefühl der Gewissheit unterstützt wird.

Noch ein paar Tipps:

- Bleibe immer in deiner Mitte!
- Liebe dich selbst! (Tu dir beispielsweise etwas Gutes oder sprich gut zu dir und über dich!)
- Kultiviere Ruhe und Gelassenheit!
- Bestelle dir Ideen, Hinweise, Kontakte, Problemlösungen und so weiter!
- Verschaffe dir innerliche Ruhe und Vertrauen!
- Sei entspannt und ganz in deiner Kraft und Freude!

Dann fügen sich die Dinge wunderbar zusammen. Gehe einfach und entspannt davon aus, dass alles, was geschieht, zum Besten des Ganzen sein wird. Freue dich gerade an den kleinen Dingen des Lebens aufrichtig und voller Dankbarkeit. Vertraue darauf, dass sich alles zum höchsten Wohle aller Beteiligten entwickelt.

Unabhängig von deinen Wünschen: Das Ziel des Bestellens ist, dass ...

... du dich entspannt zurücklehnen und das Leben in vollen Zügen genießen kannst.

... du zufrieden und glücklich bist und alle Sorgen vergessen kannst.

... du Liebe spürst, empfängst und aussendest.

Wenn wir aus Liebe handeln, aktivieren wir ALLE ERFOLGS-GESETZE. Wir ziehen wertvolle Dinge an, erreichen unsere Ziele schneller und erzeugen eine glückliche Stimmung. Diese Stimmung durchdringt alle Lebensbereiche! Merke dir: Wenn Kopf und Herz in liebevoller Absicht zusammenkommen, durchströmt uns der Überfluss des Universums!

Wie du eine Bestellung formulieren solltest:

Zunächst fragst du dich bitte, was genau du bestellen möchtest – also: Was ist deine Absicht?

Dann atmest du 3 bis 4 Mal tief ein und aus. Dadurch kommst du zur Ruhe und bist ausgeglichen. Wenn du etwas länger brauchst, ist das in Ordnung. Nimm dir dann die Zeit, die du brauchst.

Beginne mit "liebes Universum" (oder "lieber Gott", eben das, was du für gut erachtest). Nächste Zeile: Du schreibst, was du hast beziehungsweise tust. Dies bedeutet, du schreibst den Endzustand als verwirklicht nieder und sagst das auch so. In der gleichen Zeile: Füge das Gefühl an, was dieser Wunsch dir bringt oder bedeutet: "Ich bin so glücklich und dankbar, dass ..." "Ich erlebe in vollkommener Weise ..."

Nächste Zeile: Schreibe jetzt kurz, aber prägnant deinen Wunsch nieder. Kurz, damit glasklar ist, was gemeint ist – aber es wird nur geliefert, was du geschrieben und gesagt hast. Wenn also eine wichtige Qualität oder Eigenschaft fehlt, ergänze sie bitte. Wenn du einen Sechser im Lotto willst, wird es sinnvoll sein, "in einem Kästchen" hinzuzufügen, denn du könntest auch sechs richtige Zahlen in zwei Kästchen haben.

Während des Schreibens: Du hast das Gefühl der Vorfreude und bleibst gelassen, zumal du weißt, dass der Manager des Universums perfekt und schnell für dich arbeitet.

Letzte Zeile: "Ich danke dir!" Das ist sehr wichtig, damit du loslassen kannst und gleichzeitig weißt, dass geliefert wird. Außerdem drückst du damit höflich deine Dankbarkeit aus, schließlich arbeitet das Universum für dich.

Wenn du ab und zu an deinen Wunsch denkst: Fühle dich wohl und sei dir gewiss, dass die Erfüllung gerade bearbeitet wird. Zusätzlich kannst du Gott im Voraus dafür danken, dass er den Wunsch bereits geliefert hat. Etwa: "Danke für das Auto!"

Beziehe die universelle oder göttliche Kraft immer in deinen Alltag mit ein. Bleibe cool und sei dir gewiss, dass geliefert wird. Wenn die Lieferung aber einmal etwas länger dauert, dann ist es zu deinem Besten. Sage dir immer wieder: Ich danke für die Lieferung – und empfinde dabei das Gefühl der Gewissheit.

Natürlich wirst du Gott zusätzlich im Voraus danken. Du kannst deinen Wunsch, den du als eine Affirmation formuliert hast, auch immer wieder als kurzes und prägnantes Gebet sprechen. Freue dich. Sei gewiss, dass alles für dich unterwegs ist. Es darf aber kein Druck entstehen oder ein zu starkes Anliegen dahinterstehen. Sonst könnte es passieren, dass der Wunsch eben nicht ausgeliefert und zurückgehalten wird. Doch: Was du geistig beanspruchst, wird dir geliefert. Die Faktoren, die das Ausliefern behindern, wirst du nach dem Lesen dieses Buches kennen und auflösen können. Dann geht es weiter wie hier beschrieben.

Gewöhne dir an, morgens und abends um Führung in deinen privaten, beruflichen und finanziellen Belangen zu bitten – oder in jenen Punkten, die sonst bei dir anstehen. Warte dann ein wenig. Bedanke dich für die Lösung, die dir zur richtigen Zeit geliefert wird. Diese Lieferung kann eine Intuition sein. Oder ein Mitmensch teilt dir etwas mit. Du liest vielleicht eine wertvolle Information und weißt, dass sie für dich ist. Oder du findest etwas und so weiter. Merke dir: Du bist ein Kind des Universums. Du bist Gottes Kind. Deswegen darfst du alles haben, wonach du strebst oder was dich wirklich glücklich macht.

Noch etwas sehr Wichtiges:

Du hast das Recht, alles zu bekommen, was du möchtest. Warum? **Weil du auf der Erde bist.** *Punkt! Du hast den Kampf gegen 60 Millionen Samenzellen gewonnen. Das genügt. Du benötigst keinen Leistungsnachweis, keine Zustimmung von irgendjemandem. Du bist auf der Erde – das genügt, die Macht der Lebensgesetze zu beanspruchen. Denke daran!*

Wenn du dann noch deine Lebensaufgabe kennst und lebst, wirst du sogar Dinge erhalten, die du noch gar nicht bestellt hast, die dir aber bei deiner Lebensaufgabe dienlich sein werden.

Wenn du Wünsche an andere hast, kannst du dich auch an das Höhere Selbst dieses Menschen wenden. Du kannst mental mit ihm sprechen. Dies funktioniert, weil wir alle auf einer sehr hohen Ebene miteinander verbunden sind. Je näher die Frequenzen der Menschen sind, desto schneller wird das geistig Gesprochene wahrgenommen. Auf dieser geistigen Ebene werden alle Ansagen in herzlicher Verbundenheit und garantiert ohne Streit oder Ähnliches wahrgenommen und verarbeitet. Sei dir dessen ganz besonders bewusst. Die Abfolge lautet: Zuerst auf geistiger Ebene an- und aussprechen, dann in die Realität bringen – und zwar dann, wenn dir dein Gefühl das Okay-Zeichen dafür gibt.

Dies ist beispielsweise im Berufsleben sehr interessant und auch wichtig: Da können Vorgesetzte auf dieser Ebene Kontakt mit ihren Mitarbeitern aufnehmen. Sie können ihnen gute, wertschätzende Gedanken senden. Dies wird sich in einem angenehmen Verhalten gegenüber dem Vorgesetzten spiegeln. Dabei "verkündet" der Chef, was ihm wichtig ist - immer herzlich und trotzdem klar und authentisch. Der Vorteil ist, dass man dadurch Zeit spart. Es entsteht kein Druck, ja noch nicht einmal das entsprechende Gefühl, und das Feedback erfolgt auf sehr harmonische Weise. Sollte die Reaktion der Menschen nicht dem Wunsch des Chefs entsprechen, muss er sich fragen, ob oder wie er etwas verändern könnte. Andererseits wird es passieren, dass Mitarbeiter von sich aus aktiv werden und Dinge ansprechen, die noch gar nicht laut verkündet wurden. Es ist so wichtig, dass ich es hier noch einmal ausdrücklich erwähnen möchte: Gute Führung ist gekennzeichnet durch mentale Ansprache und herzliche sowie wertschätzende, aufrichtige und gefühlvolle Gedanken, also nonverbale Worte! So begeisterst du Menschen! So lassen sie sich "leichter" führen, zum Wohle aller! Vorausgesetzt, dein Führungskonzept ist stimmig.

Eine Führungskraft, die Karriere machen will, sollte sich jeden Morgen die Mitarbeiterakten holen, die jeweiligen Passbilder anschauen und mit ihnen "sprechen". Die Ansage an eine Gruppe wird dadurch hergestellt, dass der Vorgesetzte sich die Namen vorsagt, sich die Mitarbeiter vorstellt und dann mit allen "spricht". Wenn er dies Morgen für Morgen tut, wird er ein Superteam haben. Er wird an einer leistungsfähigen Mannschaft Freude haben, die sich voll für ihn und den Auftrag einsetzt. Und wenn alle Beteiligten Spaß, Zufriedenheit und innere Begeisterung verspüren, setzen sie ihre inneren Kräfte frei. Sie verweilen gerne bei ihrer Arbeit, statt nur Dienst nach Vorschrift zu schieben. Weitere Vorteile:

- Mobbing fällt glücklicherweise aus.
- Der Krankenstand geht stark zurück.
- Umstände, Personen und Ideen werden angezogen, die dem Unternehmen, dem Team und dem Vorgesetzten selbst zum Vorteil gereichen.
- Wenn der Vorgang später öffentlich gemacht wird, haben die Mitarbeiter ein sehr vertrautes Gefühl.
- Wenn es Kritik seitens der Mitarbeiter gibt, wird diese sachlich ausfallen. Zudem wird sie mit Verbesserungsvorschlägen unterlegt werden.

Das ist es doch, was das Unternehmen möchte, oder? Und der Chef wird von seinen Mitarbeitern geschätzt.

Wenn du ein Vorgesetzter bist, sollte dich diese Erhebung aufrütteln: Eine Untersuchung aus dem Jahr 2008 hat ergeben, dass nur 21 Prozent der deutschen Arbeitnehmer dem Unternehmen ihre volle Leistungskraft zur Verfügung stellen! Dies bedeutet doch, dass Milliarden von Euro sinnlos verschleudert werden – von nicht umgesetzten Ideen zur (Weiter-)Entwicklung neuer Produkte ganz zu schweigen.

Wenn wir die Unternehmen und ihre Mitarbeiter, gleichgültig auf welcher Hierarchieebene sie arbeiten, dazu bekommen, ihren mentalen Horizont zu öffnen und ihre inneren Kräfte vollkommen freizusetzen beziehungsweise zu entfalten, ...

... werden Milliarden von Euro sinnvoll investiert.

... haben Vorgesetzte und Mitarbeiter Spaß an der Arbeit.

... sitzen die richtigen Menschen am richtigen Arbeitsplatz.

... entsteht Sog statt Druck.

... folgt eine Flut neuer Ideen, Entwicklungen und Patente.

... entsteht Zusammenhalt statt Intrigen, Neid und Falschheit.

Selbstverständlich funktioniert dies auch im Privatleben, besonders in Beziehungen. Achte darauf, was du über deinen Partner oder deine Partnerin denkst und fühlst. Es ist sehr wichtig, sich mental auf seinen Partner einzustellen und herzliche Gedanken, Liebe und sonstige wertschätzende "Äußerungen" zu schicken. Die Reaktion kann nur herzlich und voller Liebe sein. Neben dieser geistigen Tätigkeit sollte natürlich auch ein herzlicher Umgang miteinander geübt werden.

Mit dieser Art des Umgangs wirst du in deinem Leben so viel Erfolg und Aufmerksamkeit sowie Zuneigung erhalten, dass jeder Tag einfach nur noch Spaß macht. Und genau darum geht in unserem Leben: SPASS HABEN!

Warum Bestellungen manchmal trotzdem nicht funktionieren

Warum werden Bestellungen manchmal einfach nicht geliefert? Dafür gibt es meist zwei Gründe:

a) Tiefe, negative Überzeugungen
b) Geopathische Störfelder

Folge: Unsere Bestellungen werden nicht immer geliefert. Oder wir sind am falschen Ort zur falschen Zeit. Wir bestellen unbewusst – oder unsere "Umgebung" bestellt, ohne dass wir uns dessen bewusst sind. Letzteres kann sogar genau das Gegenteil dessen bewirken, was wir bestellen. Wie kann das sein?

Natürlich haben wir auch Informationen in uns gespeichert, die ungefiltert in uns einströmten. Mittels Verstärker haben sie sich regelrecht in uns "reingefressen". Ich durfte die Erfahrung machen, dass Informationen nicht "nur" in unseren Zellen gespeichert sind. Offensichtlich gelangen sie auch in Bereiche unseres Körpers, die von Knochen umgeben sind – der Wirbelsäule.
Andererseits leben Menschen, die unter einem niedrigen Selbstwertgefühl leiden, oft auf geopathischen Störfeldern. Diese greifen mittels elektrischer Strahlen das Immunsystem an und geben dabei negative, belastende Informationen an das Zellsystem der Menschen ab.

Ebenfalls ein Problem: Viele Häuser sind schön geformt. Aber die Grundstücksform ist nachteilig. Oder auch das Gebäude selbst. Von jedem Grundstück und jedem Gebäude gehen aber Schwingungen aus, das sind Informationen in codierter Form. Daher spreche ich von "Passivbestellungen". Was passiert, wenn die Bewohner nicht wissen, was da los ist? Dann ist es nicht verwunderlich, dass Erfahrungen angezogen werden, die nicht bewusst, aber trotzdem passiv bestellt wurden! Dies ist eine ganz wichtige Tatsache, an der wir nicht mehr vorbeikommen. Ob es uns passt oder nicht. Aber wir können uns das richtige Gebäude für unser schönes Leben bestellen!

Im Folgenden möchte ich noch einmal einige wichtige Aspekte anreißen, die ein erfolgreiches Bestellen verhindern oder zumindest stark beeinträchtigen können.

Kindheitserlebnisse und ihre Auswirkungen/mangelnder Selbstwert

Wie du schon gehört hast, bestimmen unsere Grundmuster und unsere inneren Überzeugungen, wie und was wir über uns denken. Diese Muster sind oft stark in uns verankert. So stark, dass wir sie gar nicht mehr bewusst wahrnehmen, aber die ganze Zeit über ausstrahlen. Ausstrahlen heißt: Wir senden diese Aussagen wie ein Peilsender von uns weg ins Universum und ziehen die entsprechende "Lösung" zu uns hin. Hast du also in der Kindheit mangelnde Liebe statt aufbauende, ständige Liebe erfahren? Dann wirst du Erfahrungen anziehen, die dir mangelnde Liebe "geben" oder "zeigen".

Die höchste Kraft in unserem Leben ist die LIEBE. Liebe als Kind zu empfangen, ständig bestätigt zu bekommen, dass man geliebt wird, um sie später geben und wieder empfangen zu dürfen – das ist das Grundprinzip eines glücklichen Lebens. Leider erfahren Kinder oft genug Druck, Ohnmacht, Ablehnung und

Schuldzuweisung. Und daraus entwickeln sich Wut, Zorn, Selbstablehnung, Minderwertigkeitsgefühle und ein niedriger Selbstwert.

Zusätzlich erleben Kinder durch die Schwingungen ihrer nächsten Umwelt deren Lebensauffassungen, Überzeugungen und Handlungen. Meist sind die Eltern die Sender. Diese Auffassungen prägen sich auch durch die Spiegelneuronen in das Bewusstsein der Kinder ein. Eine Untersuchung aus der 90er-Jahren zeigt: Etwa 80 Prozent unserer Kinder hören bis zu ihrem 18. Geburtstag ungefähr 240.000 Mal aus ihrer nächsten Umgebung:

- "Du kannst das nicht!"
- "Du schaffst das nicht!"
- "Du bist zu blöd dazu!"
- "Du bist zu nichts zu gebrauchen!"
- "Du bist zu faul!"
- "Du machst das, was ich dir sage!"
- "Wenn du das willst, dann streng dich erst mal an; vorher gibt's nichts!"

Hinzu kommen noch die Überzeugungen der Großeltern, später die der Erzieher im Kindergarten und in der Schule. Sie alle prägen die Entwicklung. Mittels der Spiegelneuronen übernehmen wir das Verhalten und die Überzeugungen. Dabei machen wir uns nicht bewusst, ob uns dies fördert oder behindert.

So haben Kinder auch gelernt, was angeblich gut und was falsch ist, was stimmt und was nicht. Man könnte auch sagen, dass die Eltern das Wahrheits- und Deutungsmonopol für sich in Anspruch nehmen.

Vor allem lernen die meisten Kinder zu funktionieren, das heißt, ihre Wünsche werden nicht beachtet. Stattdessen haben sie das zu tun, was die Eltern wollen. Wenn die Kinder dies aber nicht tun, werden sie bestraft – durch Liebesentzug, Gewalt oder zermürbendes Schweigen. So lernen sie, dass sie nicht gut sind.

Sie erhalten jede Menge Verhaltensvorschriften, aber keine oder kaum aufbauende Liebe. Sie lernen, dass sie nicht liebenswert sind! Um Liebe zu bekommen, wollen Kinder, vor allem später als Erwachsene, "funktionieren".

Wenn ihr Selbstwertgefühl ganz gedrückt wurde, also unten ist, werden sie schon im Kindesalter von anderen Kindern gemobbt. Denn sie strahlen die Botschaft aus: "Ich bin nicht gut. Und wer nicht gut ist, hat Strafe und Ablehnung verdient!" "Ich bin nicht liebenswert." Bei diesen Überzeugungen muss man sich nicht wundern, wenn auch Bestellungen nicht funktionieren.

Es ist deshalb ganz wichtig, ALL diese Sätze und Überzeugungen, die an dir nagen, an die Oberfläche zu holen. Schreibe dir in den nächsten Tagen alle Sätze auf, die dir einfallen. Ziehe dich in einen ruhigen Bereich zurück. Dann frage dich: Was haben meine Eltern, meine Geschwister, meine Großeltern, meine Mitschüler und so weiter zu mir und über mich gesagt? Welche Überzeugungen haben sie mir beigebracht? Welche davon habe ich einfach so übernommen? Welche Sätze und Überzeugungen fallen dir auf? Schreibe sie nieder, und bewerte sie nicht.

Alle diese Sätze kannst du auflösen. Auch die Bewertungen, die über dich abgegeben werden - einfach indem du positive Bejahungen daraus machst. Beispiele:

Vater: "Du bist zu blöd, um ein Fahrrad zu reparieren." Du änderst diese Feststellung in: "Ich kann alles lernen, was ich will. Ich bin gut!"

Mutter: "Du läufst wie eine Bettlerin herum." Du änderst diese Feststellung in: "Ich liebe mich so, wie ich bin." - "Ich liebe die Menschen, und die Menschen lieben mich."

Dein Onkel: "Du siehst irgendwie unwirklich aus." Du änderst diese Feststellung in: "Ich sehe gut, attraktiv und charismatisch aus." Oder: "Ich bin genug. Ich glaube an mich. So, wie ich bin, bin ich okay. Ich liebe mich und ich werde geliebt!"

Merke dir: So, wie wir uns sehen, werden wir von unserer Umwelt wahrgenommen.

Der innere Filter sowie der des Gehirns werden durch die neue Programmierung geändert. Das führt uns zu den Menschen, Umständen und Situationen, die exakt dieser Neuprogrammierung entsprechen! Deshalb müssen alle nachteiligen Programme an die Oberfläche geholt und dann mittels der Neuprogrammierung zu unserem Vorteil abgeändert werden.

Übrigens: Wenn der Selbstwert auf ein niedriges Niveau abgesackt ist, braucht man sich nicht zu wundern, dass vermehrt Krankheiten aller Art auftreten. Auch deshalb ist es unbedingt notwendig, die Kindheitstraumen aufzulösen und neue Bilder und Glaubenssätze einzuprogrammieren!

Je höher der Selbstwert, umso mehr Geld und Erfolg sowie Vitalität haben wir.

Wut und Groll

Durch die langjährigen Erfahrungen haben sich oft Wut und Groll in uns aufgebaut, und auch den strahlen wir natürlich aus. Wir werden dann als aggressiv oder bockig gesehen. Wir kommen zudem manchmal im Leben nicht weiter, ohne zu wissen, warum. Interessanterweise nehmen wir die Verhaltensweisen jener Menschen an, die wir ablehnen oder die uns verletzt haben. Und mit diesen Menschen verbinden uns oft noch Situationen aus der Vergangenheit, die uns immer noch Schmerzen bereiten, wie Hilflosigkeit, Erniedrigung, Groll, Zorn und Wut.

Deshalb ist es wichtig, diesen Menschen von ganzem Herzen zu vergeben. Wenn du vergibst, dann verzichtest du auf die ewige Spule der Wiederkehr. Denn es bedeutet, dass jetzt STOPP gilt. Du gibst dieses Thema ein für allemal ab. Ab jetzt ist es VERGANGENHEIT.

Leidensthemen sind im Unterbewusstsein abgespeichert. Sie werden ständig von uns ausgestrahlt und kehren als Lebenserfahrungen zu uns zurück. Wenn wir aber vergeben, stoppen wir diese Form der Bestellung. Du brauchst diese Form des Leidens nicht mehr. Es ist Vergangenheit. Außerdem hast du dich für SPASS und FREUDE entschieden. Übrigens: Wenn wir vergeben, heißen wir keinesfalls schlimme Erlebnisse gut! Aber was nützt dir Leiden, während andere sich freuen? Vergeben heißt also nichts anderes, als dass du dich für ein Ende entscheidest - und zugleich beschließt, einen Neuanfang mit Freude, Begeisterung und so weiter zu unternehmen.

Du findest immer Menschen, die dich auf Verstandesebene in deinem Leiden unterstützen. Du findest jedoch nach kurzer Zeit niemanden, der mit dir leidet. Niemals! Vergib daher den Menschen, die dir wehgetan haben, wirklich und aus tiefstem Herzen. Sage, während du deine Augen geschlossen hast, zu ihnen: "Vater (als Beispiel), ich vergebe dir und überreiche dir deine Überzeugungen und Regeln. Es sind nicht meine, sondern deine - nimm sie zurück. Ich vergebe dir aus ganzem Herzen und lasse dich jetzt los. Wenn ich dir wehgetan habe, bitte ich dich, auch mir zu vergeben. Du gehst deinen Weg und ich gehe meinen; so sei es (wenn du das so sagen willst). Ich danke dir und wünsche dir alles Gute. Amen (auch hier nur, wenn du es willst)."

Du wirst sehen: Die meisten Wunden lösen sich schnell auf; manche überdauern je nach innerer Schwere und Einstellung länger. Wenn du aufrichtig vergeben hast, kannst du den Namen des Betreffenden aussprechen, und es geht dir gut dabei. Und nur das zählt. Dies solltest du mit allen Personen durchführen, die dir einfallen und gegen die du einen Groll hegst. Wenn Wut und Groll sich aufgelöst haben, ist es, als hättest du einen riesigen Feldbrocken zur Seite geschoben, und der neue Weg der Freiheit tut sich vor dir auf. Bitte unterschätze diesen Hinweis nicht! Er ist eminent wichtig, bedeutsam und weitreichend!

Eingesperrte Wut, Groll, Verzweiflung, Ängste aller Art

Ich habe die Erfahrung gemacht, dass es Menschen gibt, die aufrichtig vergeben – oder die es zumindest versucht haben. Aber immer noch tragen sie Negativprogramme mit sich herum. Und sie strahlen sie aus. Diese aggressiven Muster haben sich "verbarrikadiert" oder eingeigelt. Keiner soll an sie herankommen. Da die Muster aber ständig ausstrahlen (du weißt: Was du ausstrahlst, ziehst du immer in dein Leben), werden genau die Menschen und Situationen ins Leben gezogen, die immer wieder für KÖRPERLICHE und PSYCHISCHE SCHMERZEN sorgen.

ALLE SCHMERZEN WOLLEN DIR ETWAS SAGEN:
Ischias, Bandscheibenvorfälle, Kreuzschmerzen aller Art sind Hinweise darauf, dass du Probleme aus der Kindheit mit dir herumträgst und sie nicht aufgelöst hast. Übrigens: Rückenkrankheiten sind die Volkskrankheit Nr. 1.

Oft wohnen die Menschen in Häusern oder Wohnungen, in denen sich genau gegenüber dem genutzten Haupteingang Glas befindet. Dazu solltest du wissen, dass Glas im Rücken die Bewohner schwächt, und ganz besonders den Wirbelsäulenbereich. Zufall? Natürlich nicht. Ärzte werden dir helfen, die Krankheit zu heilen. Doch das wahre Problem, das dahintersteht, ist damit nicht gelöst. Wenn solche negativen Muster sich quasi in die Wirbelsäule einbrennen, wirst du so lange entsprechende Lebenserfahrungen anziehen, bis die Muster vollkommen aufgelöst wurden.

Hole dir bitte Hilfe von Menschen, die auf geistiger Ebene (meist Heilpraktiker) arbeiten. Sie können dir sagen, welche Erfahrung(en) und welche Glaubenssätze dir diese Schmerzen zugefügt haben. Und jetzt wird es spannend: Wenn solche Heilpraktiker dir das Problem mitteilen, hat die Seele Zugang zu dir bekommen! Sie konnte sich jetzt endlich ausdrücken und Heilung setzt ein!

Ich durfte diese Erfahrung zweimal machen, und die Schmerzen ließen nach ein paar Minuten nach. Ich litt anfangs unter richtigen Schmerzen, die kaum zum Aushalten waren, und ich hatte bereits die Schmerztabletten parat liegen. Doch ich brauchte sie nach der "Arbeit" nicht mehr. Ich werde das nie vergessen – die erste Sitzung brachte ein klein wenig Linderung; das Problem war aber nicht erkannt. Die zweite Sitzung holte das Problem ans Tageslicht – und die Schmerzen gingen fast vollständig zurück! Ich wusste: Die Vergebung wurde all die Jahre richtig hartnäckig verhindert. Von da an konnte ich das Hauptproblem lösen, und innerhalb weniger Wochen lösten sich viele kleinere Probleme ebenfalls auf. Nun konnte ich anfangen, das Leben zu leben, das mir Spaß macht. Es war auch ein Gefühl der Befreiung!

Es ist nun einmal so: Wenn wir echte Probleme nicht lösen, werden Anhaftungen anderer Art auch nicht gelöst. Die verstecken sich quasi hinter deinem Hauptthema. Eine schöne Affirmation hierfür lautet: "All meine persönlichen (und finanziellen) Angelegenheiten sind jetzt vollkommen gelöst. Ich danke dafür!" Sage das voller Begeisterung, da es nun so ist. Wenn diese Muster aufgelöst wurden, können deine Bestellungen ausgeliefert werden.

Ein anderer Fall: Wenn du eine Frau bist und dein Vater hat dich psychisch unter seine Kontrolle gebracht, wirst du immer wieder Manner anziehen, die versuchen, dich zu kontrollieren. Wenn du dich dem entziehen möchtest, wirst du mit Liebesentzug bestraft. Wenn du eine neue, auf Dauer herzliche Partnerschaft möchtest, kann diese erst kommen, wenn das alte Muster vollständig aufgelöst wurde. Hier deine Aufgabe: Wende dich an deine Seele, dein Höheres Selbst oder dein Überbewusstsein. Sieh "es" wie eine strahlende Person vor deinem geistigen Auge. Bitte es, deine Ängste freizusetzen, zu klären und zu heilen. Sage, wenn du bereit für diese Aufgabe bist. Dann geht's los!

Selbstsabotage

Da sie in der Kindheit und in den folgenden Jahren negative Erfahrungen gemacht haben, neigen viele Menschen dazu, sich in ähnlichen Situationen zu verschließen. Sie leisten Widerstand bei Erlebnissen, die ihnen bedrohlich erscheinen; oft ist der Grund noch nicht einmal ersichtlich. Manchmal kann Widerstand aber auch Selbstsabotage bedeuten. Sie entspringt dem Gefühl, dass du es nicht wert bist, mehr zu haben, als du schon besitzt!

Höre auf deine innere Stimme. Sie rät dir, was dir guttut, zum Beispiel gesunde Ernährung oder Sport zu treiben. Wenn du dich wehrst, dann musst du lernen, dich selbst mehr zu achten und wertzuschätzen. Fange klein an, zum Beispiel indem du ein Bad nimmst oder eine Stunde herumläufst. Wenn du dir die Zeit für dich nimmst, dann weiß dein Unterbewusstsein, dass du es dir wert bist und dass auch deine Ziele in Erfüllung gehen. Selbstsabotage wird durch praktizierende Eigenliebe ersetzt! Und wer sich selbst liebt, wird in der Folge auch von seinen Mitmenschen geliebt.

Macht und Ohnmacht

Fülle ist im Prinzip die Bestellung dessen, was dir guttut und was du dir wünschst. Sie ist eng mit den Themen und Energien von Macht und Ohnmacht gekoppelt. Viele Menschen betrachten "Macht" als etwas Schlechtes. Wer aber Macht, bewusst oder unbewusst (!), als etwas Schlechtes ansieht oder gar ablehnt, der geht automatisch in die Ohmacht. Ohnmacht heißt ja: Ich habe keine Macht, bin also wehrlos. Diese Person zieht dadurch Umstände und Personen an, durch die sie sich hilflos, handlungsunfähig und schwach fühlt. Sie ist dann quasi wie gelähmt.

Höre auf damit, und sieh die Bedeutung der Macht für dein Leben! Nutze die Macht! Sieh sie positiv! Eine Form hiervon ist die Macht der Liebe. Alles, was du mit Liebe betrachtest oder mit Liebe klärst, wird dir Freude und Fülle bescheren. Das gilt auch für Probleme. Wenn du ein Problem hast, kläre es mit Liebe. Und lache! Die Probleme klären sich sehr schnell, und die Folgen dieses Handelns werden für dich immer nur gut sein.

Gib deinem Leben ein Ziel. Sag, was du willst, und du wirst es erschaffen. Du bist der Schöpfer deines Lebens. (Im letzten Kapitel gehen wir auf die Lebensaufgabe ein. Auf *deine* Lebensaufgabe! Damit bist du der leibhaftige Schöpfer deines Lebens.)

Die "lieben" Ahnen

In unseren Genen sind auch die Erfahrungen und starken Überzeugungen unserer Vorfahren abgespeichert. Wir können auf diesen Erfahrungspool zurückgreifen, wenn wir das trainieren und zulassen. Es kann aber auch sein, dass dieser Pool uns in bestimmten Lebenssituationen behindert, ohne dass uns dies bewusst ist. Hier ist es sinnvoll, eine Familienaufstellung bei einem Profi vorzunehmen. Oft hilft es auch, sich in Trance versetzen zu lassen, um herauszufinden, warum man in bestimmten Situationen immer wieder Probleme hat. Schwierigkeiten also, die "rational" nicht zu erklären sind. In den letzten 15 Jahren habe ich es x-mal erlebt, dass Menschen danach ein wesentlich besseres und zuweilen befreiteres Leben führen konnten. Wenn diese Themen, die im Unterbewusstsein rumoren, aufgelöst werden, ist das Leben schöner und leichter. Wünsche werden überhaupt oder leichter erfüllt.

Bei der Familienaufstellung werden die Einstellungen und Überzeugungen der Familie und Partner "beleuchtet", und zwar auf eine Art, die mich immer wieder fasziniert. Da verhalten sich fremde Menschen während der Aufstellung so wie die Menschen, die sie verkörpern. Stell dir das mal vor! Selbst die Probanden sind von ihrem Verhalten immer wieder überrascht. Sie wundern sich, dass sie Verhaltensweisen an den Tag legen, die sie im Alltag nie zeigen würden. Sie schlüpfen in die Person, die sie darstellen und "vertreten". Das ist eine Art Fremdsteuerung. Du weißt inzwischen natürlich, dass wir mit jedem und allem auf einer höheren Ebene des Überbewusstseins verbunden sind. Dadurch ist dieser Vorgang verständlich – zumindest vom Ansatz her. Es ist jedoch bis heute nicht vollständig geklärt, warum es funktioniert. Ich glaube, dass dies auch nicht so wichtig ist – wer heilt oder helfen konnte, hat recht!

Erst wenn man das Problem erkannt hat, ist die Suche nach der Lösung möglich. Jeder Fall für sich ist einzigartig. Doch ist es eigentlich immer möglich, dem Unterbewusstsein neue Bildersequenzen einzugeben. Die können als Erfahrung direkt abgespeichert und ins Universum ausgestrahlt werden. Deshalb können Zustände im Leben des Betreffenden unmittelbar geändert werden, um die gewünschten Ergebnisse schnell und geradlinig zu erzielen. Höre bitte auch nicht auf jene Stimmen, die sagen, dass so etwas "Humbug" sei. Zum einen werden diese notorischen "Neinsager" von deinem Gehirn angezogen. Es will dich schließlich davon überzeugen, dass keine Erfahrung in der Bibliothek vorliegt und es daher recht hat. Und zum anderen fühlen sich diese Zweifelsäer stark, sobald sie erfolgreich davon abraten können. Sei du aber erfolgreich und gehe deinen Weg. Nutze deine inneren Kräfte, höre auf sie und lasse dich von ihnen leiten. Sie schützen dich, wenn es darauf ankommt, und helfen dir, den richtigen Weg zu gehen. Leichtigkeit und Freude sind der Indikator für richtiges Tun. Gleichzeitig sind sie Voraussetzung für die erfolgreiche Lieferung deiner Wünsche!

In diesem Zusammenhang möchte ich dich noch auf etwas hinweisen: Wir können die Kraft und die Unterstützung unserer Ahnen in unser Leben "holen", indem wir einfach darum bitten und uns dies vorstellen. An deinen Vater und deine zwei Großväter kannst du dich sicher erinnern. Jetzt kommt die nächste männliche Generation dran, und dann sind es vier, dann acht, dann 16 und so weiter Großväter. Du hast eine ganze Armada von Männern, die dich schützen und begleiten. Bitte um deren Führung, Unterstützung, Schutz und Liebe. Sieh sie vor deinem geistigen Auge. Spüre sie in deinem Rücken, als Rückendeckung.

Jeder Mensch hat auch Geistführer, also ehemalige Menschen, die dir jetzt behilflich sein können. Sprich mit ihnen, nenne sie bei ihrem Namen oder gib ihnen Namen. Erteile ihnen dann Aufgaben, und sie werden für dich tätig werden. Bedanke dich immer bei ihnen und bei deinen Ahnen! Bitte, nimm es an! Setze es in deinem Leben ein. Du wirst dich wundern; du musst es ja niemandem sagen.

Geld und Liebe entspringen derselben Energie

Wenn du dich liebst und wertschätzt, wirst du alle Erfahrungen anziehen, die dir guttun. Dies wird aber nicht der Fall sein, wenn du als Lektion mitgenommen hast, dass ...

... du angeblich nicht liebenswert bist.

... du angeblich Schuld in dir trägst (Schuld im Inneren erzeugt Schulden im Außen!).

... du das Leben ablehnst und dich ohnmächtig, also ohne Macht fühlst.

... der Mangel in dir ständig Beachtung findet und somit zunimmt – in Form von Schulden, Liebesentzug, Krankheiten, seelischen Schmerzen und Gewichtszunahme.

... du angeblich keinen Respekt verdienst.

Wer sich ablehnt, lehnt automatisch die Fülle und die Freuden des Lebens ab! Deswegen ist es ganz besonders wichtig, ...

... sich alle Glaubenssätze zu notieren und diese umzuwandeln.

... den Menschen zu vergeben, die einem wehgetan haben.

... sich für die Macht der Liebe zu entscheiden.

... sich zu respektieren und wertzuschätzen.

... sich für alles zu loben, was man bisher im Leben geleistet hat.

... dass du dir bewusst wirst, dass du keine Schuld trägst; dies wurde dir "angetragen". Deshalb: "Ich erkenne mich an. Ich bin willkommen. Ich glaube an mich, ich liebe mich und ich werde geliebt!"

Dann solltest du dich fragen, was deine Lebensaufgabe ist, denn alle Menschen haben eine ganz bestimmte Aufgabe, die nur sie perfekt erfüllen können. Das gilt auch für dich! Du kannst etwas zu deinem Vorteil und dem des Universums beitragen! Auf deine spezielle Art! Sage dir: WAS AUCH GESCHIEHT, ICH BIN ES WERT, HIER UND JETZT NUR DAS BESTE ZU BE-KOMMEN!

Wer unter einem mangelnden Selbstwertgefühl oder gar unter einer Ablehnung des Lebens leidet, wird in den meisten Fällen unter Geldproblemen leiden. Auch im Sexualleben zeigen sich dann oft Schwierigkeiten. Sobald die Muster aber neu programmiert sind, ändern sich auch die Lebenserfahrungen. Deshalb liest du hier wichtige Hinweise zu Geld, Sexualität und Schuldenabbau!

SO ZIEHST DU GELD AN:

1) Höre auf, dich auf Geld zu konzentrieren. Wenn du sagst, dass du Geld brauchst, dann signalisierst du damit in der Regel Mangel. Die Folge? Du bekommst noch mehr Geldprobleme. Die wenigsten schaffen es, in positiver Weise an Geld zu denken, so dass es sich vermehrt oder überhaupt in der gewünschten Höhe zu ihnen fließt.

Nutze diese Formel: Sei dankbar für alles, was du hast und was du kannst! PLUS: Erfreue dich am Leben! Lache über alles und ständig! Spüre die Fülle des Lebens und den Geldfluss, denn der gehört zur Fülle.

2) Geld hat eine eigene Intelligenz. Es hört genau zu, ...
... wie du darüber redest.
... wie du darüber denkst.
... wie du damit umgehst.
Dazu gehört auch, wie du über das Geld der anderen redest oder denkst. Freu dich immer über den Reichtum der Menschen, egal, wie viel diese haben. NEID ist Missgunst. Neid führt dazu, dass du GARANTIERT GELD VERLIEREN wirst!

3) Geld folgt immer der FREUDE und damit einem wichtigen Teil der Fülle. Freude ist eine Form der hohen, guten Energie – und Geld ist nichts anderes als Energie! Segne (das heißt: Liebe darauf geben!) dein Konto, dein Einkommen, deinen Arbeitsplatz – und das Konto wird mehr Guthaben aufweisen, das Einkommen steigt und die Arbeit wird interessanter, was wiederum Karrieresprünge nach sich ziehen wird.
Übrigens: Wer seine Beziehung segnet (auch wenn diese gerade nicht so gut funktioniert), wird bald Verbesserungen erleben oder eine schönere Partnerschaft eingehen!

4) Wenn Geld und Sexualität fehlen, dann deshalb, weil die Menschen INNERLICH ihr Leben ablehnen. Oft ist ihnen das gar nicht bewusst. Diese Haltung hängt vielmehr mit der Verurteilung oder Kritisierung als Kind zusammen. Manchmal wird das Kind schon bei der Geburt oder kurz danach abgelehnt, was die Seele spürt und "abspeichert". Hier ist es ganz wichtig, diese Programme an die Oberfläche zu holen. Dem Menschen müssen diese "Schad-Programme" also klar und "ersichtlich" werden.

Dann können sie aufgelöst werden. Sage dir und fühle: "Ich heiße mich von Herzen willkommen!" Und: "Ich erkenne mich an!"

Geht es dir auch so? Dann suche dir professionelle Hilfe oder nimm ein Potential-Coaching in Anspruch, wenn du nicht weiterkommst. Ganz tief in dir finden sich vielleicht Emotionen wie Ängste aller Art, Ablehnung, Schuld, Neid, Eifersucht, Selbstzweifel und Hass, Wut und Ohnmacht. Dazu kommen dann noch Glaubenssätze wie "Geben ist seliger denn Nehmen". Das ist aber einfach nicht richtig! Denn wenn du immer nur gibst, dann stockt der Fluss des Geldes, und das eigene Defizit wird immer größer. Denn da du selbst nun mal nichts mehr nimmst, kannst du nur Situationen anziehen, in denen du benachteiligt wirst und in denen dir Geld und Liebe entzogen werden und so weiter. Im Berufsleben sind diese Menschen oft nicht in der Lage, einen angemessenen Lohn für ihre Leistung zu verlangen. Als Selbstständige bringen sie sich um ein angebrachtes Honorar. Das aber ist Selbstablehnung pur. *Merke dir: Nur wer Geld hat, kann anderen Menschen helfen und sie fördern.*

Schreibe dir auf, was du gerne hättest. Sage deinem Verstand, er soll sich heraushalten – und du wirst erleben, welche Wünsche und Sehnsüchte du hast. Und das alles ist legitim.

Für viele Wünsche wirst du Geld brauchen, Liebe und Sex, um ausgeglichen und stark zu sein. Du musst Macht ausüben – auf der Ebene von Liebe. Die stärkste Form des Lebens ist die LIEBE, und hier darfst du immer das Höchste und Beste in deinem Leben erwarten!

Wenn die Ängste wieder hochkommen, dann solltest du sie annehmen und mit ihnen REDEN. Gib ihnen deine Liebe und lass sie dann los. Spüre dein Herz und stell dir vor, wie LIEBE zu den Ängsten hingeht. Stell dir dazu diese Ängste als Menschen vor. Sie gehen dann mit der Zeit weg. Manchmal sogar sofort. Parallel sprichst du die folgenden Affirmationen:

- "Ich erwarte nur das Beste in meinem Leben."
- "Die Welt ist ein liebevoller Ort."
- "Ich bin etwas Besonderes und Außergewöhnliches."
- "Ich bin ein Geschenk für die Menschheit."
- "Ich glaube an mich."

5) Das Auflösen von Schulden: Anstatt über Schulden und Verbindlichkeiten zu reden, sich über sie zu ärgern oder sich darüber Sorgen zu machen, solltest du sie auflösen. Das ist sehr wichtig. Denn wenn du dich mit diesem Thema beschäftigst, wirst du Energie dort hineingeben und die Misere somit verstärken. DAS DARF NICHT SEIN!

Schreibe alle Verbindlichkeiten auf, und notiere die Termine, an denen die Bezahlung fällig ist. Sage dir: "Ich danke für die sofortige und vollständige Bezahlung all meiner finanziellen Verbindlichkeiten. Ich freue mich, dass alle Verbindlichkeiten sofort und jetzt bezahlt werden." Du kannst die Aussage verstärken: "Ich danke dir, lieber Gott/liebes Universum, dass du alle Verbindlichkeiten für mich bereits bezahlt hast!" Zusätzlich: "Ich bin es wert, dass ich wohlhabend geworden bin!"

Jetzt kommt etwas Wichtiges hinzu: Stelle dir die letzte Ratenzahlung oder den letzten Kontoauszug mit der Zahl 0 vor. Also als bezahlt. Wie fühlst du dich, wenn der Kredit und so weiter bezahlt ist?! JA, wie fühlst du dich? Gehe jetzt rein, rede mit dir. JETZT! Schreibe dir dieses Gefühl auf, speichere es ab – und beschäftige dich nur noch mit der Tatsache, dass alles bezahlt ist. Sage dir zudem: "Alles und jeder trägt jetzt zu meinem Wohlstand bei. Auch ich bereichere alles und jeden." Du kannst noch weitere Wohlstandsbejahungen aussprechen.

Vergiss niemals: Wohlhabende Menschen kritisieren und verurteilen nie jemanden oder etwas. Das ist sehr wichtig, wenn man schuldenfrei werden oder bleiben will! Was aber ist, wenn jemand bei dir in der Kreide steht? Dann schreibe eine Liste mit den Namen der Schuldner und dem jeweiligen Betrag. Bejahe die vollständige Bezahlung jeder Zahlungsverpflichtung.

6) Gib mit Freude! Wenn du etwas möchtest, solltest du zuerst geben, und zwar mit Freude. Das Geben muss dir selbst Freude bereiten. Gib es mit so viel inniger Hingabe, als seist du selbst der Empfänger des Geschenkes. Das kann Geld sein, ein Gegenstand, Liebe, Zeit oder sonst etwas. Du darfst von Gott/dem Leben erwarten, dass er dir Geschenke macht. Daher: Wenn du Geld gibst, freust du dich und sagst zu den Geldscheinen: "Hallo, ihr Lieben, ihr dürft gerne zurückkommen, und bringt eure zahlreichen Freunde mit!" Oder: "Danke, lieber Gott, dass du mir das Zehnfache gegeben/geschenkt hast." Hier will ich noch etwas Wichtiges sagen: Gib immer bedingungslos, freue dich, dass du gegeben hast. Aber dann sagst du DEM LEBEN, dass es dir den Betrag gerne zehnfach zurücksenden darf!

Suche dir etwas, was dir Freude bereitet, beruflich oder als Hobby, und mache es zu deiner Angelegenheit. Freude für dich und andere Menschen, das macht dich erfolgreich, reich und glücklich!

7) Verlierer verwenden die "Druckbegriffe"
Gewinner sagen immer einfach, was sie tun - selbst wenn sie es noch vor sich haben. Deshalb sind für sie die Begriffe "soll(te)", "muss" und "müsste" tabu. "Ich muss arbeiten."
Dies ist ein innerer Befehl. Das ist Druck und keine Leichtigkeit! "Ich sollte lernen." Damit drückst du aus, dass du momentan irgendetwas nicht tust, also falsch machst; auf jeden Fall wird Schuld aufgebaut - und diese Schuld wirst du in deinem Leben dann erfahren. Nämlich als Strafe.

"Brauchen" drückt klar aus, das du etwas nicht hast. Wenn das Gefühl des Fehlens aber nachhaltig bei dir wirkt, dann bist du im Mangel, und dann wird dir von diesem Mangel noch mehr geschickt. Daher empfehle ich dir als Affirmation: "Ich habe von allem genug. Die Welt ist ein liebevoller Ort, der mich bestens versorgt." Deshalb: Sei dankbar für alles, was du hast! Dazu gehört auch die Klingel an deiner Tür und der edle Kamm im Bad. Und natürlich auch deine Fähigkeiten! Und sage dir jetzt bitte nicht, vielleicht noch mit einem verächtlichen Lächeln: "Was habe ich denn schon für Fähigkeiten?!" Hallo? Du lebst! Und du hast eine oder mehrere einzigartige Fähigkeiten, die in dieser Form kein anderer Mensch hat.

Nimm dir einmal ein Blatt Papier, gehe ins Freie oder dorthin, wo du dich so richtig wohlfühlst, und schreib alles auf, was du kannst. Alles, was du einmal gelernt hast, wo dich vielleicht andere gerne in Anspruch nehmen. Achte darauf, dass es etwas ist, das du gut kannst oder besser als andere. Alles zählt! Alles zählt! Alles zählt! Nimm dir jeden Tag etwas Zeit. Arbeite an diesem Blatt ruhig vier Wochen lang, jedenfalls so lange, bis du sagst: "Das ist es!" Sei dankbar dafür! Belohne dich! Sei begeistert! Du weißt: Wenn du aufrichtig von dir begeistert bist, dann wird es auch deine Umwelt sein. Bedanke dich für alles, was du hast oder bekommen möchtest. Du wirst erleben, wie schnell sich dein Leben zu deinem Vorteil verändert!

8) Ebenfalls wichtig: Fairness und Gerechtigkeit. Bejahe täglich, ruhig mehrmals: "Das göttliche Gesetz der Liebe und Gerechtigkeit arbeitet jetzt zum Höchsten und Besten in meinem Leben." Füge hinzu: "Die unsichtbare Gerechtigkeit offenbart sich jetzt." Und: "Es gibt eine unsichtbare Gerechtigkeit, die in meinem Leben und in meinen Lebensbereichen wirkt, und sie wird jetzt sichtbar." Vergiss auch nicht: "Gott meint es gut, und ich bestehe auf dem Guten in dieser Erfahrung. Ich werde aufgrund dieses Erlebnisses äußerst

erfolgreich sein." - Du wirst, wenn du diese Sätze lang genug ausgesprochen und geglaubt hast, keine Ungerechtigkeit mehr erfahren.

9) Um dich aus dem Loch zu ziehen, verrate ich dir jetzt einen Trick, der immer funktioniert: HUMOR! Lächle fünf Minuten mit voller Überzeugung und achte darauf, dass dein Gesicht das Lachen oder Lächeln auch wirklich ausdrückt. Von dieser Übung gehen sogar kleine Schmerzen weg.

Stell dir jetzt einen inneren Film vor, in dem es dir gut geht, in dem du lachst und voller Begeisterung bist. Lass diesen Film immer wieder ablaufen, bis es zur Gewohnheit wird.

Ich wünsche dir einen lustigen, heiteren Tag mit vielen schönen Ereignissen! Blättere doch noch einmal zurück zu Kapitel 7 und lies den Abschnitt "LACHEN".

Tiefe Sehnsüchte

Deine Sehnsüchte wollen gelebt werden! Wenn sie eingesperrt werden - genauer gesagt: wenn die damit zusammenhängenden Gefühle eingesperrt werden -, drückst und strahlst du genau das aus, was dir fehlt. Zudem kannst du krank werden, weil die Liebe nach dieser Sehnsucht dich und deinen Körper schwächt.

Gehe in dich, und finde heraus, was für Sehnsüchte du hast. Schreibe sie dann auf. Wenn du das Gefühl leben kannst, wird aus dem Mangel Fülle. Sei deshalb kreativ und frage dich, wie du dieses Gefühl leben kannst. Es gibt oft mehrere (!) Möglichkeiten, diese Gefühle zu leben.

Überhaupt ist es so, dass alles, was du ablehnst, die stärkere Beachtung in dir findet. Deshalb wird es im Außen immer wieder angezogen. Fange an, das zu lieben, was du ablehnst, und schon nimmst du diesem die Wirkung. So kommst du an das Gefühl, das du begehrst und das dir Spaß macht. Gleichzeitig stellst du dir immer wieder die Situation so vor, wie du sie gerne hättest.

Burn-out

Menschen, die unter dem Burn-out-Syndrom leiden, weisen am Ende eine emotionale Erschöpfung mit stark reduzierter Leistungsfähigkeit auf. Diese Leute haben mit geradezu idealistischer Begeisterungsfähigkeit begonnen – gelandet sind sie bei Frust, Apathie, psychosomatischen Erkrankungen und Depressionen. Zuweilen leiden sie unter Aggression, verbunden mit erhöhten Suchtgefährdungen. Burn-out ist ein schleichender Prozess. Er wird von den Betroffenen anfangs gar nicht wahrgenommen und dann so lange "vertuscht", bis die Symptome sichtbar sind. Die wesentlichen Faktoren, die zum Burn-out führen, sind:

a) Ehrgeiz

Hier stellen die Menschen hohe Anforderungen an sich. Sie wollen alles perfekt machen und gestehen sich selbst keine Fehler zu.

b) Perfektionismus

Der Ehrgeiz resultiert nicht aus der Sache selbst. Er entwickelt sich vielmehr aus dem Anliegen der Betroffenen, anderen zu zeigen, dass sie jemand ganz Besonderes sind. Sie fühlen sich nicht gut genug und holen sich ihre Anerkennung von anderen. Hier liegt ganz eindeutig ein niedriges Selbstwertgefühl vor.

c) Helfersyndrom

Diese Menschen fühlen sich wohl, wenn sie immer für andere da sind und helfen können.

Es gibt ihnen ein gutes Gefühl und nährt ihr Selbstwertgefühl.

d) "Immer-ja-Sagen"

Die Vertreter dieser Gruppe streben nach Harmonie und wollen es den anderen immer recht machen, was natürlich nicht geht. Insbesondere können sie keine Grenzen setzen, da es an Selbstbewusstsein fehlt. Sie übernehmen daher Aufgaben, denen sie nicht gewachsen sind.

e) Hamsterrad

Hier rotieren die Menschen und können mit der Zeit aus der Arbeit nicht mehr aussteigen. Dasselbe gilt auch für ihr Privatleben. Der innere Druck nimmt unaufhörlich zu, innerer Abstand ist nicht mehr möglich. Emotional nehmen sich die Menschen alles zu Herzen und fühlen sich den Umständen ausgeliefert. Hier ist es ganz besonders wichtig, Abstand zu gewinnen und loslassen zu können.

Woher kommt diese Krankheit oder dieser Zustand? Daher dass die Menschen zwar verstandesgemäß fit sind, jedoch unter einem inneren Drang leben, "funktionieren" zu müssen. Oft ist ihre Arbeit nicht mehr das, was sie gerne machen möchten – aber sie beißen die Zähne zusammen und arbeiten immer schneller. Sie rasen wie ein Hamster im Rad. Die innere Freude ist längst einem inneren Befehl gewichen. Ähnlich wie die Order, die ein Soldat erhält.

Hintergründe und die wahren Ursachen für Burn-out: Viele dieser Erwachsenen mussten in der Kindheit "funktionieren", was sie natürlich in ihrem jetzigen Leben "ausstrahlen" und somit anziehen. Sie haben gelernt, dass mit erbrachter Leistung "Annehmlichkeiten" von Seiten der Eltern oder anderen zu erzielen sind. Sie lernen schon früh: Wenn ich mich anstrenge, mich also aufreibe, bekomme ich Liebe und Anerkennung, Geld und was man sich dafür kaufen kann. Später sagen sie sich: Ich bin gut und leiste etwas! Dann bekomme ich Ansehen, Geld, Macht und Status. Aus dieser Schiene kommen sie später nicht mehr heraus. Oder sie müssen lernen, dass ihr soziales Umfeld auf einen Sumpf gebaut wurde: Job weg, Geld weg, Freunde weg, oft auch der Partner.

Die innere Freude am Leben stirbt zusehends ab, weil sie meist auch nicht ihre wirkliche Berufung leben, sondern einen Prestigejob ausüben oder das studiert haben, was die Eltern sich für sie vorgestellt haben. Die wahre Berufung definiert sich über die Frage: Was will ich wirklich? Leider wird überhaupt nicht ermittelt, auf was die Menschen beruflich Lust haben. Was also ihre wahre Berufung ist! Junge Menschen folgen dem Ideal anderer oder lassen sich von den Aussagen ihres Umfelds leiten: Lerne, mache Abitur und schau, dass du einen guten Beruf erlernst beziehungsweise studierst. Ob das dann Spaß macht, der eigenen Neigung und Berufung entspricht, wird nicht beachtet.

Auch Manager kommen in dieses Fahrwasser. Sie haben zwar anfänglich Erfolg, Geld und Ansehen. Aber dann merken sie nach Jahren, dass sie dem Druck nicht mehr gewachsen sind. Da sie ihr Leben auf diesen Äußerlichkeiten aufgebaut haben und abhängig (!) davon geworden sind, wollen und können sie nicht mehr aussteigen. Hinzu kommt, dass sie stark sein wollen und nicht mehr zugeben, wenn sie kränkeln. Das würde ja negativ auffallen.

Damit wird Raubbau am Körper betrieben und die eigene Leistungsfähigkeit zusätzlich eingeschränkt. Wenn sie es überhaupt je gelernt haben, so haben sie verlernt, sich zu organisieren, um Zeit für sich zu haben. Sie können anderen Menschen nicht mehr vertrauen und Arbeit vertrauensvoll delegieren. Sie suhlen sich in Kontrollsucht.

Kontrollsucht ist ein typisches Zeichen mangelnden Vertrauens. Es zeigt, dass man sich übertrieben wichtig fühlt und denkt, dass es ohne einen selbst nicht geht. Gleichzeitig kann man anderen nicht vertrauen. Wer aber anderen nicht vertraut, zeigt, dass er dem Leben nicht vertraut. Er zeigt seine Sorge, dass ohne ihn alles zusammenbricht – was später auch passieren wird.

Es gibt Vorstände, die wollen nicht zugeben, dass sie sich ausgebrannt fühlen. Der Körperverfall zehrt an ihnen, und sie fallen regelrecht um. In einem von mir recherchierten Fall ließ sich der

Vorstandsvorsitzende eines großen Unternehmens in einer Klinik behandeln. Bei Sitzungen des Aufsichtsrates flogen mit Helis alle Beteiligten ins abseitsstehende Gästehaus der Klinik. In diesem Haus hat man sich besprochen, um nach der Sitzung wieder auseinanderzugehen. Dann ließ sich der Chef wieder unerkannt behandeln!

Diese Anspannung, die auch ins Privatleben mitgenommen wird, hält kein Körper auf Dauer aus; Beziehungen und Familien leiden, Freundschaften werden zusehends nicht mehr gepflegt.

Umgekehrt passiert es, dass Kinder die Erwartungen der Eltern nicht erfüllen. Dadurch bauen sich in ihnen schon früh Schuldgefühle und Druck auf. Sie fühlen sich gedrängt, doch zu bestehen, was das Leben zum Kampf werden lässt. Liebesentzug dürfte nicht die alleinige Folge gewesen sein. Eltern setzen Kinder schon früh unter Druck, gute Leistungen in der Schule und im Sport abzuliefern, weil sie selbst es vielleicht in ihrer Jugend nicht geschafft haben. Später wird das Leben zum Kampf! Man hat ja auch nichts anderes gesehen und erlebt – und dies ist im Unterbewusstsein abgespeichert. Sie werden alles tun, um die Aufmerksamkeit der Menschen um sich, vor allem in der Liebe, zu gewinnen. Oft genug werden sie ausgenutzt.

Wenn du dir aber die Situation genau anschaust, wirst du eines feststellen: Sie senden quasi den Satz aus: "Ich bin nicht gut genug. Gib mir Nähe und Liebe, ich helfe dir dann, wo du mich brauchst!" Wenn Schuldgefühle aus der Kindheit da sind, wird sich der Mensch bei "schlechten" Leistungen von sich aus zurückziehen. Er bestraft sich also unbewusst selbst. Und sein soziales Umfeld gleich mit.

In der Kindheit wird aufrichtige LIEBE nicht oder kaum praktiziert. Dabei ist emotionale Zuwendung der Grundpfeiler eines glücklichen inneren Lebens. Dagegen werden Folgsamkeit und

Leistungsanspruch "anerzogen". Dies setzt sich als Erfahrung im Leben dann fort. Innere Zufriedenheit sowie Liebe und Geborgenheit fehlen oder kommen zu kurz. Materielle Dinge und emotionelle Zuwendungen können diesen Mangel nur kurzzeitig ausgleichen. Die Suche nach Aufmerksamkeit in allen Lebensbereichen wird zur Triebfeder jeglichen Handelns, und sie wird zum Magneten jeglicher Erfahrung. Aber innere Befriedigung stellt sich auf Dauer nicht ein.

Gleichzeitig ziehen viele Personen Menschen und Umstände an, die ihnen das Leben schwermachen – sie rackern sich ab wie der Hamster im Rad. Folge: der Wunsch nach mehr Sex, vor allem mit verschiedenen Praktiken, nach Alkohol und allen anderen Formen von Süchten, nach mehr Essen, Shoppen (Verniedlichung, eigentlich ist es Kaufsucht), nach mehr TV- und Computeraktivitäten, nach Tabak, nach Drogen oder nach Medikamenten wie Ritalin. All das soll die innere Leere füllen.

Letztlich sind diese Menschen in den eigenen Programmen gefangen. Das Unterbewusstsein hat alle Erfahrungen und Erlebnisse abgespeichert. Es funktioniert vollautomatisch. Es fehlen die innere Freude und der Stolz auf sich selbst. Es fehlt die Eigenliebe. Die Anerkennung der eigenen Leistung ist hier unbedingt notwendig – und die Leistung kann dabei noch so einfach sein. Aber auch die Anerkennung der eigenen Persönlichkeit, also des eigenen SEINS, sollte tagtäglich geübt werden!

Jeden Tag solltest du wenigstens sieben Aktivitäten aufschreiben, die du gut gemacht hast. Dadurch werden deinem Unterbewusstsein die eigenen Qualitäten eingegeben. Deine Kindheit kannst du "neu" mit den gewunschten Bildern beschreiben. Also, du setzt dich hin und stellst dir vor, wie du die Kindheit gerne gehabt hättest. Du sagst sie dir vor und visualisiert auch diese Vorstellung – und zwar mit allen Sinnen, so real wie möglich. Dann schreibst du diese neue Situation nieder. Was man schreibt, wird Wirklichkeit. Das Gehirn nimmt diese neuen Bilder als Ersatz für die alten Bilder der Vergangenheit an. Es akzeptiert sie. Dann ändert sich auch der Filter des Gehirns und der des Unterbewusstseins. Deine Kindheit ist - neu - programmiert, das Gehirn hat sie akzeptiert und das Leben wird jetzt auf dieser Basis wesentlich schöner und erfüllter sein! TU ES - das Ergebnis wird dich begeistern!

Damit sich die Muster auflösen, solltest du deinen Eltern und allen, die sie beeinflusst haben, aus tiefstem Herzen vergeben. Und auch dir selbst. Diese Situationen und Muster werden aufgelöst, damit sie und die Leiden ein für alle Mal aus deinem Leben verschwunden sind! Du nimmst dir Zeit und achtest auf die Glaubenssätze, die hochkommen. Sobald du sie dir anschaust, wirst du sehen, dass sie nicht deine eigenen Überzeugungen sind, vielmehr stammen sie von deinen Eltern und Großeltern, der Schule und so weiter. Diese Sätze solltest du neu und positiv formulieren, um sie dann deinem Unterbewusstsein einzuprogrammieren. Wichtige Affirmationen können sein:
"ICH BIN FREI, klar, authentisch, stark und nehme die MACHT der LIEBE an."
"Ich liebe mich so, wie ich bin."
"Ich liebe mich, und ich werde geliebt."

Würden die Menschen ihrer wahren Berufung folgen, sich annehmen und stolz auf sich sein, auf gesundem Boden und in sauerstoffreichen, vitalen Räumen leben und sich genügend Auszeiten sowie Erholung gönnen, könnte der Burn-out eingedämmt werden. Noch etwas kommt hinzu: Das innere Programm, nicht gut genug zu sein, wird aufgelöst. An seine Stelle tritt ein neues:
"Ich bin liebenswert."
"Ich gestehe es mir zu, gut zu mir zu sein."
"Ich verdiene das Beste in meinem Leben."
"Die Welt ist ein ausgeglichener Ort und mir wohlgesinnt."

Die neuesten Untersuchungen des Schweizer Instituts *Sciencetransfer* in Zusammenarbeit mit der Bertelsmann Stiftung vom 18. Mai 2010 haben ergeben, dass "eine um 20 Prozent intensivere Unterstützung durch den Vorgesetzten eine zehnprozentige Reduzierung der Burn-out-Erkrankungen bewirke". Hilfreich seien bessere Arbeitsmittel, Tipps und Arbeitsentlastung, aber auch Zuspruch, Trost, Motivation und Zuhören seien nachweisbar positive Faktoren! Klar, diese Menschen dürsten nach Aufmerksamkeit aller Art, auch nach Entlastung. Aufmerksamkeit haben sie früher nämlich nicht im gebotenen Maße erhalten.

Weiter wird geschrieben, dass durch "arbeitsbedingte psychische Belastungen volkswirtschaftliche Belastungen in Höhe von 6,3 Milliarden Euro" entstehen. Das muss man sich mal so richtig vorstellen ... 6,3 Milliarden Euro!

Man kann auch sagen: Lösen wir die Kindheitstraumen auf, ersetzen wir sie durch neue, positive Glaubenssätze und bekommen wir dann noch Unterstützung durch unser privates wie berufliches Umfeld, steht einem erfüllten Leben nichts mehr im Wege. Dabei muss sich das Umfeld nach der Neuprogrammierung auf die Art und Weise neu formieren, wie wir es ihm vorgeben.

Merke: Die höchste Form der Liebe ist die Eigenliebe – nur dann kann ich andere Menschen lieben und im Beruf erfolgreich sein. Nur dann kann ich mehr Zeit für mich haben, um Lösungen zuzulassen und mein Leben zu genießen.

Wie gesagt, dieses "Ich-muss-Funktionieren" weicht einem Gefühl der Freiheit: "Ich bin frei, zu meinem Wohl und zum Wohl aller." Lass Altes jeglicher Art los, damit du Platz für Neues, Gutes hast! Wenn du loslässt, demonstrierst du Eigenliebe, weil du damit die Freiheit erhältst, die Lieferung deiner Wünsche und Gefühle zuzulassen, die du manifestiert hast.

Eine Affirmation und Erläuterung habe ich bei Pierre Franckh gefunden, den ich sehr schätze. Sie passt ideal zu diesem Thema: "Bereit sein bedeutet, all die Wunder in meinem Leben zuzulassen."

Einen anderen Faktor, der zu Burn-out führen kann, hat eine Untersuchung zutage gefördert: Gut 40 Prozent der Betroffenen sind geopathischen Störfeldern ausgeliefert, die das Immunsystem erheblich schwächen.

Bestellungen mit Druck

Wie du bereits gelernt hast, ist etwas beim Bestellen sehr wichtig: Leichtigkeit, Gelassenheit und Freude, gepaart mit einer gewissen Gleichgültigkeit. Ich habe vollstes Verständnis dafür, dass gerade die Gleichgültigkeit ein großes Problem sein kann. Es ist ein Paradoxon beim Bestellen: Du sollst zwar an deine Wünsche glauben und sie mit Freude abgeben, aber gleichzeitig die Einstellung pflegen, dass du den Wunsch gar nicht brauchst beziehungsweise dass er dir nicht so wichtig ist.

Doch: Jeglicher Druck sorgt für ein Zusammenziehen der DNA-Stränge und koppelt dich dadurch von der Außenwelt ab. Du musst also lernen, cool zu sein und zu bleiben. Ganz nach dem Motto: freuen und vergessen. Bleib im Gefühl der Freude und bedanke dich immer im Voraus für die Lieferung. Du darfst aber nicht zwanghaft an deinem Wunsch kleben bleiben. Denn wenn er klebt, fliegt er nicht fort – und was nicht wegfliegt, kann auch nicht zurückkommen. Ich hoffe, dass ich dir damit das Paradoxon erläutern konnte.

Bitte frage dich, warum du den Wunsch hast.

Gehe ganz in dich und achte auf deine Gefühle und Gedanken. Notiere sie auf einem Blatt, damit du auf deine innere Stimme achten kannst, ohne sie zu vergessen! Es könnte dir helfen, wenn du dich fragst, wer einen Vorteil von deinem Wunsch hat. Somit gehst du nach und nach aus dem Druckgefühl heraus und freust dich am Erfolg anderer.

Ich schreibe das Buch, damit möglichst alle Menschen die Möglichkeit haben, Wünsche zu formulieren und die Lieferungen kontinuierlich zu erleben. Daher habe ich ein ganz anderes Gefühl. Ich habe Freude, Gelingen, Gelassenheit in mir, aber garantiert keinen Druck.

Warum sollst du gleichgültig bleiben? Wenn du die Lieferung eines Wunsches dringend benötigst, verbindest du mit diesem Wunsch ein bestimmtes Gefühl, und ohne dass es dir vielleicht bewusst ist, hast du das Gefühl von Traurigkeit und Frust mit abgeschickt – und genau das wird dann geliefert. Wenn du aber einen Wunsch eigentlich gar nicht benötigst, gehst du völlig relaxt an die Sache heran.

Bestell dir einmal ein kleines Schloss. Du wirst das sicherlich nicht brauchen, aber spielen wir dies doch einmal durch. Du bestellst das Schloss in völliger Leichtigkeit, beschreibst deine Gefühle, wenn du es hast, lachst vielleicht noch darüber ("Was für ein irrer Wunsch!") und lässt dann los. So, und drei Monate später wird dein Wunsch Realität, die Finanzierungsfrage stellt sich nicht, weil der Besitzer vielleicht einfach eine nette Person sucht, die auf sein Schlösschen aufpasst. Ja, und jetzt? Toll, oder?! Stell dir diese Geschichte einmal für dich vor. Achte auf deine Gefühle: Die sind sicherlich frei, voller Frieden, lustig und dergleichen. Aber Druck? Garantiert nicht! Und so muss es bei allen Bestellungen sein.

Vertraue deiner inneren Kraft, die magnetisch wirkt, und dem Leben. Die Synonyme für Vertrauen sind übrigens Entgegenkommen und Erwarten. Du weißt, dass dein Wunsch bereits auf dem Weg zu dir ist, und du erwartest die Lieferung.

Lerne, innerlich mit deinem Leben und dem, was du hast, glücklich zu sein. Dann kannst du nur noch glücklicher werden. Was ich jetzt empfehle, ist für dich vielleicht neu. Du musst es erst trainieren: Das innere Gefühl von Liebe, Dankbarkeit und Lebensfreude birgt das Gefühl von Glücklichsein und bleibt in dir - materielle Dinge oder Kontakte sind vergänglich und daher immer nur Sahnehäubchen in deinem Leben.

....

....

....

....

Diese Leerzeilen habe ich eingebaut, damit du dir die letzten Aussagen wirklich intensiv zu Gemüte führst und als Grundaussage in dein Leben integrierst. Hast du es geschafft, wirst du ein Glück erleben, das mit Geld überhaupt nicht zu bezahlen ist. Paradoxerweise wirst du aber dann genug davon haben - und auch sonst alles, was du möchtest!

Kapitel 9

"Die Form
zwingt zum Handeln"

Egal, was uns umgibt - es gehen Schwingungen davon aus, die unsere Körperzellen aufnehmen. Insbesondere die DNA. Man hat beispielsweise bei blinden Menschen einen Wärmetest durchgeführt. Ich erkläre ihn dir kurz: Ein 23 Grad warmer Raum wurde zuerst rot gestrichen, später blau. Ob du es glaubst oder nicht: Der blaue Raum wurde von den Blinden subjektiv kühler, der rote Raum subjektiv wärmer wahrgenommen. Das bedeutet, dass der Mensch die Schwingungen von Farbpartikeln, also Materie, sehr wohl wahrnehmen kann.

Doch machen Farben nur einen ganz kleinen Teil eines Hauses aus. Jeder Baustoff, jedes Teil weist Schwingungen auf beziehungsweise gibt sie ab - und der Mensch reagiert sowohl auf die einzelnen Bestandteile als auch auf die Form. Geh einmal "blind" in einen Flur, der einen Meter breit ist und in einen mit fünf Metern Breite. Du wirst diesen Abstand spüren. Und: Je enger der Flur, durch den du jeden Tag unter Umständen mehrere Male gehst, desto enger wirst auch du dich fühlen. Verrückterweise werden sich dein Verstand und dein Körper daran gewöhnen. Nicht aber die Körperzellen. Sie lernen, dass es im Leben "eng" zugeht.

Dieser Lernprozess ist eine unbewusste Form, dir Dinge zu wünschen, oder genauer gesagt: Du fängst an, unbewusst zu BESTELLEN, nämlich, dass das Leben "eng" ist. Also wirst du finanzielle Enge erleben und in aller Regel mit mehr Arbeit darauf reagieren. So, und jetzt stelle dir vor: Du bejahst die Fülle, also alles Große und Mannigfaltige, das dir zusteht. Auf der anderen Seite wird ausgestrahlt, dass du es eng magst. Diese Bestellung ist kontraproduktiv.

Je nachdem, wie ein Haus gebaut ist, kann ich dir sehr genau sagen, welche Erfahrungen die Menschen und Tiere darin anziehen werden. Es handelt sich hier um eine Erfahrungswissenschaft. Schon vor über 6000 Jahre wurden die Menschen in ihren Häusern, aber auch auf ihren Grundstücken beobachtet. Es wurde wahrgenommen, wie diese Leute sich verhielten. Dieses Verhalten variierte je nach Situation und Form des Hauses wie auch des Grundstückes. Die Häuser formen also je nach Schwingungsgrad, -richtung und -geschwindigkeit unsere DNA und die Körperzellen. Sie sorgen so dafür, dass sie sich in einer bestimmten Weise verhalten.

Wir wissen auch, dass wir durch die Formen von Gegenständen, die wir über die Augen aufnehmen, ebenfalls beeinflusst werden. Was ist die Folge? Die FORM prägt den Menschen. Diese Form kann dabei ein Haus sein oder ein Grundstück. Diese Informationen fallen in unser Unterbewusstsein, und dort lösen sie eigene, passive Bestellungen aus! Ein krasses Beispiel: Wir bejahen "Fülle und Reichtum". Unser Haus fällt aber hinter der Terrasse Stück für Stück ab. Dies bedeutet, dass hier der Wohlstand regelrecht "abfällt". Was glaubst du, wird für dich stärker wirken? Genau, die abfallende Terrasse wird deinen Reichtum ins Gegenteil verkehren! Wer dieses Beispiel kennt, wird verstehen, warum manche Bestellungen nicht funktionieren oder Lieferungen wieder "abgeholt" werden.

Darüber hat noch nie jemand im Zusammenhang mit Wunschbestellungen geschrieben! Doch ein Haus ist wie ein Gefäß mit einer bestimmten Form, die die Bewohner beeinflusst. Nach deinem Einzug ins Haus wirst du dich intuitiv gegen die schleichende Beeinflussung wehren, bis du nicht mehr kannst. Dann fließt die Energie, die man sich wie Wasser vorstellen kann, über dich: Du wirst geformt – ähnlich wie Wasser sein Flussbett "formt". Übrigens: Jeder Resonanzkörper, zum Beispiel eine Geige, setzt Schwingungen frei. Er produziert tragende Töne und kann weitere Töne hinzunehmen. Genauso nehmen unsere Körperzellen die Schwingungen auf und beeinflussen uns in unserem Verhalten – und zwar so stark, dass Profis sagen können, welche Erfahrungen in welchem Haus mit größter Wahrscheinlichkeit angezogen und gelebt werden.

Auf jeden Fall muss dafür gesorgt werden, dass die guten Energieströme in deinen genutzten (!) Grundstücks- und Hauseingang gezogen werden. Dadurch richtest du dein Leben auf neue Erfolge oder Erfolgsstufen aus, sofern diese nicht vorliegen. Welches Prinzip steckt dahinter? Das Gesetz der Resonanz wirkt in vollkommener Weise. Nur deshalb funktioniert übrigens die "Kommunikation" zwischen den Menschen und den sichtbaren und unsichtbaren Materialien in der Natur. Dieses Gesetz ist eng mit dem Gesetz der Entsprechung verbunden, wonach alles auf der Welt miteinander verbunden ist. Alle, wirklich alle Erfahrungen und Muster in dir finden sich im Haus und Grundstück oder in der Wohnung wieder!

Der Mensch sucht sich seine Umgebung entsprechend seinen inneren Überzeugungen sowie seiner Muster aus und richtet sich entsprechend ein. Da viele dies nicht wissen, manifestieren sie Zustände, die wiederum ständig passive Bestellungen auslösen! Du willst dein Leben nachhaltig ändern? Dann solltest du langjährig geübte und studierte Feng-Shui-Berater eine Analyse deines Zuhauses vornehmen lassen. Das schließt die Untersuchung des Grundstückes auf eventuelle geopathische Störfelder ein. Diese Berater können einerseits sehr genaue Angaben zu Belastungen, aber auch Stärken in deinem Leben durch dein Zuhause machen. Andererseits können sie Abhilfe schaffen bei Problemen und wertvolle Verbesserungen vornehmen, damit dein Leben in allen Lebensbereichen vorteilhafter verläuft. Das hat übrigens nichts, aber auch gar nichts mit esoterischem "Schnickschnack" zu tun, sondern ist eine Wissenschaft. Feng-Shui ist eine Erfahrungswissenschaft, die man zum eigenen Vorteil einsetzen sollte!

Die modernen Gebäude weisen verschiedene, oft sehr individuelle Formen auf. In den seltensten Fällen aber gewähren sie Unterstützung für die Bewohner oder das Unternehmen. Die Finanzkrise beispielsweise war aus meiner Sicht schon Jahre zuvor absehbar und wird sich wiederholen. Vielleicht in anderer Form, aber ähnlich. (Aus Platzgründen kann ich an dieser Stelle nicht näher hierauf eingehen. Aber wenn Sie sich für diese Fragestellung interessieren, freue ich mich, wenn Sie auf mich zukommen und wir uns darüber austauschen können.) Solange die Menschen oder Wirtschaftsführer dieses Wissen nicht kennen oder sich nicht beraten lassen, werden sie immer wieder Probleme anziehen, dabei sind solche Malaisen völlig überflüssig, weil vermeidbar.

Inzwischen kann man die energetischen Ströme mittels bestimmter Formeln aufzeigen und erklären, um

- Probleme und Verluste abzuwehren und
- Erfolgsströme anzuziehen.

Achte darauf, an welchen Berater oder an welche Beraterin du kommst. Er oder sie sollte die höchsten Formeln zur Berechnung der Energieströme beherrschen und damit klare Aussagen über die sich einstellenden Lebenserfahrungen treffen können. Nur dann wirst du erhebliche Vorteile in deinem Leben genießen und kannst wirklich dankbar sein.

Schreibe mir, wenn du Bedarf hast oder einen sehr kompetenten Berater beziehungsweise eine Beraterin benötigst. Aber vorher ist es aus meiner Sicht gut, dir generell etwas Wichtiges zu diesen geopathischen Störfeldern zu sagen, denn vielleicht fragst du dich, was es damit auf sich hat.

Es gibt inzwischen internationale Studien, die besagen, dass geopathischer Stress einer der Hauptgründe für zahlreiche Krankheiten und chronische Gesundheitsbeschwerden sein könnte. Du musst dir das so vorstellen: Zwischen schweren Krankheiten und deinem Schlaf- oder Arbeitsplatz besteht eine starke Wechselwirkung. Es kann sehr negative Folgen haben, wenn du an diesen Orten unter geopathischem Stress stehst. Diese Form von Stress kann durch viele verschiedene Faktoren verursacht werden. Beispielsweise können ungünstige elektromagnetische Gitter in der Erde zu finden sein. Oder die Belastungen gründen buchstäblich auf Verwerfungen durch Erdbeben, Tunnel, Höhlen, Baustellen, Wasseradern, unterirdische Ströme, Mineralvorkommen, Schadgase, radioaktives Gestein, geomagnetische und geologische Spezialfälle, Begräbnisstätten, Einflüsse durch den Kosmos und andere "Verletzungen". Diese Traumen werden der Erde leider vor allem durch Menschen zugefügt. Aber auch Maschinen, giftige Abfälle und andere Faktoren tun ihr Übriges.

Die Folgen von geopathischem Stress wurden in einer Studie an über 25.000 Menschen untersucht. Sie alle waren bei schlechter Gesundheit. Die amerikanische Dulwich Health Society fand interessante Zusammenhänge heraus. Demnach hat geopathischer Stress erhebliche Folgen, wie diese Auflistung beweist:

- 100 Prozent aller Fälle von sekundärem Krebs stehen mit geopathischem Stress in Zusammenhang.

- 95 Prozent aller Krebsfälle lassen sich darauf zurückführen, dass die betroffenen Menschen in Umfeldern leben oder schlafen, die mit geopathischem Stress belastet sind.
- Geopathischer Stress führt in 95 Prozent aller Fälle zu überaktiven Kindern, die überdies mit Lernschwächen zu kämpfen haben oder "über Tisch' und Bänke gehen".
- 95 von 100 Krebspatienten haben zuvor unter geopathischem Stress gelitten.
- Wird eine Ehe geschieden, so leidet in 80 Prozent der Fälle mindestens ein Partner unter geopathischem Stress.
- Acht von zehn ungewollt kinderlosen Paaren führen ihr Unglück auf geopathischen Stress zurück.
- Acht von zehn Frauen mit einer Fehlgeburt sowie acht von zehn Babys, die an plötzlichem Kindstod sterben, standen vorher unter geopathischem Stress. In immerhin 70 Prozent aller Fälle von Müdigkeit und Nahrungsallergie wird als Mitauslöser geopathischer Stress vermutet.

Geopathischer Stress kann sich in vielen Symptomen äußern. Wenn du müde bist, dein Immunsystem geschwächt ist und du an Depressionen leidest, an Nervosität, Ziellosigkeit, schlechter Verdauung, Allergien, Schlaflosigkeit, Kreislaufproblemen, Muskelkrämpfen und Zähneknirschen, solltest du geopathischen Stress als Ursache in Betracht ziehen. Bedenke auch, dass Kinder besonders empfindlich auf derart schädliche Einflüsse reagieren. Wenn du also eine Lösung für das Problem des Bettnässens oder von Schrei-Säuglingen suchst, liegt es nahe, an geopathischen Stress zu denken.

Doch kann man diesem Stress überhaupt abhelfen? Dazu musst du wissen, dass es so etwas wie eine Erd-Akupunktur gibt. Man nennt sie Geopunktur. Daneben gibt es verwandte Techniken, die ebenfalls gegen geopathischen Stress vorgehen können. In aller Regel brauchst du dazu die Hilfe eines geschulten Feng-

Shui-Meisters, der auf viele Jahre Erfahrung zurückgreifen kann. Wenn ein solcher Meister entsprechend geschult ist, kann er sogar "Horror-Häuser" und Grundstücke so umwandeln, dass sie eine wahre Wohltat für dich sind. Wenn diese "Erd-Akupunktur" richtig eingesetzt worden ist, wirst du die positive Wirkung für deine Gesundheit sofort spüren. Denn in vielen Fällen lässt der geopathische Stress deutlich nach. Oft ist er ganz verschwunden.

Wenn du aber an einem Ort lebst, der von wirklich schwerem geopathischem Stress belastet wird, hilft so gut wie immer nur ein Umzug. Solche besonders schweren Belastungen sind zum Beispiel *Black Streams*. Das sind Störungen, die auf die Lunge gehen und Sauerstoffmangel verursachen. Auch eine verlangsamte Durchblutung und Depressionen gehen auf ihr Konto. Überdies verursachen Black Streams Allergien, Nebenhöhlenkrankheiten sowie Müdigkeit und Antriebslosigkeit. Diese belastende Bodenenergie entzieht dir Lebenskraft und schwächt dein Immunsystem.

Daneben gibt es noch den negativen Einfluss von Wasseradern. Hierbei wird das Wasser durch Adhäsionskräfte nach oben gezogen. Es trotzt damit gewissermaßen der Anziehungskraft. Oben angekommen, sorgt das Wasser für Wärme und gibt Stromstöße ab. Die wiederum stören deinen Schlaf und können auch die Grundlage für Krebs bilden.

All diese schweren Störungen liegen teilweise sehr tief im Erdreich verborgen. Es gibt aber auch Störfelder, die relativ dicht unter der Oberfläche liegen. Das können zum Beispiel Gräber oder gar Massengräber sein. Ziehe aber auch andere, verwandte Möglichkeiten in Betracht. Es kann sich zum Beispiel um Orte handeln, an denen Menschen gewaltsam zu Tode gekommen sind. Dasselbe gilt für Tiere.

In einem nicht geringen Teil aller Fälle sind Störquellen aber in der geistigen Welt anzusiedeln. Beispielsweise sind Flüche bekannt, die auf dem Erdreich lasten. Sie sorgen für Gesundheitsprobleme, Angst, Orientierungslosigkeit und Depressionen bis hin zu langsamem körperlichen Siechtum und Tod. Wenn du nicht zu dauerhaften Liebesbeziehungen fähig bist, kann das an einem Fluch liegen, der auf dem Grund und Boden deines Hauses lastet. Hier müssen wir zwischen ewig währenden Flüchen unterscheiden und solchen, die nur temporär wirken.

Vertraue hier voll und ganz deinem Feng-Shui-Meister. Wenn er seine Kunst angewendet hat, wird dich sofort ein Gefühl der Leichtigkeit erfüllen. Du fühlst dich dann großartig, genießt eine himmlische Ruhe, bist vitaler, harmonischer und im Frieden und Reinen mit dir selbst. Eine harmonische Umgebung wird deine Lebenskraft erhöhen.

Einen anderen Aspekt dürfen wir ebenfalls nicht vergessen. Vor dir waren zigtausende von Generationen menschlicher Wesen bereits auf dieser Erde unterwegs. Sie alle haben menschliche Siedlungen aufgebaut, Häuser bezogen, ihr Leben gelebt. All diese Erlebnisse werden natürlich ebenfalls in die Umgebung eingeprägt. Viele der alten, aber auch der modernen Baumaterialien haben eine kristallähnliche Grundstruktur. Diese Struktur funktioniert wie eine Matrix, die alle energetischen Aufzeichnungen von Erfahrungen aller möglichen Leben aufzeichnet. Durch dich leben dann vergangene menschliche Schicksale wieder auf – erst recht, wenn du ein altes Gebäude beziehst, kannst du damit konfrontiert werden.

Um dieser Einflüsse Herr zu werden, bedarf es wirklich sehr starker Feng-Shui-Techniken. Nur wenn du solch kraftvolle Praktiken anwendest, wirst du dein Leben in dem Haus zum Besseren wenden können. Mit normaler Plüschsofa-Spiritualität kommst du hier nicht weiter. Natürlich ist es immer eine gute Idee, spirituelle Musik zu spielen, Glocken zu läuten, Räucherstäbchen anzuzünden und Rituale abzuhalten, um einen Raum zu reinigen. Aber gegen die bereits erwähnten schwarzen Ströme zum Beispiel kommst du damit nicht an. Hier musst du dich an einen Feng-Shui-Meister wenden, der wirklich sehr viele Jahre Erfahrung darin hat, die tiefliegenden Störfelder zu reinigen und den geopathischen Stress umzulenken. Achte also darauf, dass dieser von dir beauftragte Spezialist die traditionelle taoistische Geomantie aus China beherrscht. Das ist nicht bei allen westlichen Feng-Shui-Schulen so. Doch nur mit diesem jahrtausendealten Wissen wirst du schweren geopathischen Stress und die entsprechenden Störfälle ausschalten und in positive Energie umwandeln können.

Ich könnte noch viel mehr Details anführen, aber das würde hier zu weit führen. Ich führe auch nicht jede Variation von Häuserformen und Ähnlichem auf, denn dieses Thema würde den Rahmen dieses Buches sprengen. Doch einige wenige will ich dir, auf Privathäuser bezogen, aufzeigen. Sie sind wichtig, um deine Bestellungen nicht zu behindern:

A) Achte auf einen freien Platz vor deinem Haus und im Eingang deines Hauses. Je freier und weiter der Blick, desto mehr Gelegenheiten wirst du anziehen. Vermeide bitte Bäume, Stangen und so weiter vor deiner Eingangstür; notfalls musst du die Tür oder die Stangen versetzen. Geht dies nicht, muss Abhilfe geschaffen werden. Ich kann hier nicht näher darauf eingehen; bei meinen Seminaren werde ich dies definitiv tun.

Im Eingang dürfen keine Gegenstände stehen. Wichtig ist hierbei, dass der Eingang schön, sauber, warm und hell zu halten ist. Hierzu ein Tipp: Ich sage meinen Kunden immer, vor allem wenn es um Eingänge von anderen geht (da ist man einfach objektiver als beim eigenen Zuhause): "Beschreibe mit einfachen Adjektiven, was du siehst. Wie sieht der Eingang aus?" Lautet die Antwort: "Eng, eher dunkel, kühl, begrenzt nach oben ...", dann gestaltet sich das Leben der Bewohner, grob gesagt, genauso. Hier hilft nur: Bitte ein neues Zuhause bestellen!

B) Zwischen Eingangstür und der gegenüberliegenden Hausseite sollte eine Unterbrechung in Form einer Wand sein, vor allem wenn es sich auf der anderen Seite um Glas handelt. Andernfalls bedeutet dies, dass man die Gelegenheiten sieht, sie aber oft nicht greifen kann. Interessanterweise werden die Menschen in diesem Haus eher krank und haben längere Erholungszeiten. Das sogenannte Pech im Leben tritt häufiger auf, um es vorsichtig zu formulieren. Hier muss dringend Abhilfe geschaffen werden.

Wie ist die Einstellung zu sich und zum Leben? Welche inneren Muster haben die Bewohner? Kommen diese an die Oberfläche, kommen auch Heilung und Hilfe ins Haus und die persönlichen Bestellungen klappen besser – und vor allem ohne Widersprüche. Übrigens: Glas auf der Rückseite des Hauses steht für Verletzung, besonders im ideellen Bereich. Auch die zugeordneten Organe können in Mitleidenschaft gezogen werden. Beispiel: Wenn die Mitte der Rückseite mit Glas verbaut wurde, wird die Wirbelsäule oft schneller in Mitleidenschaft gezogen; man wird oft Falschheit und Situationen erleben, in denen man keine Rückendeckung erhält und Leute einem in den Rücken fallen.

C) In der Mitte des Hauses darf kein Bad sein, da sonst jede Menge Streitigkeiten, Krankheiten und unvorhergesehene Probleme auftreten können. Falls dies der Fall sein sollte, bitte eine neue Wohnung bestellen.

D) Betrachte das Grundstück im hinteren Bereich. Es sollte eben sein oder leicht ansteigen. Das Grundstück darf hinten keinesfalls abfallen, wenn die Tür zur Straßenseite benutzt wird. Der Wohlstand und die Beziehung werden sonst erhebliche Nachteile erleiden. Ist der Komposthaufen auch noch offen und ungepflegt, wird der entsprechende Lebensbereich besonders beeinträchtigt sein. Abhilfe: Das Grundstück im hinteren Teil um 50 Zentimeter anheben.

E) Doppelhaushälfte mit gemeinsamem Dach - solch ein Haus ist ein Kuriosum. Denn die Grundenergien der Menschen, also ihre Grundeinstellungen, ergießen sich in die jeweilige andere Haushälfte. Stell dir vor: Reich und Arm unter EINEM Dach! Die Armen haben sicherlich einen Vorteil. Die Reichen könnten aber ein Problem bekommen, da die Einstellung der Armen begrenzt und auf Mangeldenken geeicht ist.

F) Keinen Kamin an den Rand des Hauses stellen! Es besteht die Gefahr, dass der jeweilige Lebensbereich quasi "verbrannt" wird. Wenn im Reichtumsbereich ein Kamin steht und benutzt wird, dann verbrennt der Wohlstand; die Schwingungen sagen, dass Geld und Fülle hier nicht benötigt werden. Auch im Nordwesten dürfen weder ein Kamin noch der Herd der Küche stehen, sonst leiden der Mann und das Geschäft. Wer dies nicht glaubt, wird sein blaues Wunder erleben.

Neben einem geopathisch freien und vielleicht sogar "starken" Grundstück sind gut 3000 Faktoren zu berücksichtigen - jedenfalls wenn du ein vitales und schwingungsmäßig hohes Gebäude haben möchtest. Wer so ein Haus betritt, der fühlt sich wohl - und dieser Mensch wird von der Natur nachhaltig unterstützt. Er genießt dann die positive Version der "unbewussten" Bestellung zum Vorteil seines Lebens! Denn die gibt es auch! Dadurch werden deine Erfahrungen insgesamt viel besser, glücklicher und fröhlicher sein ...

Wenn du es dir wert bist, solltest du dir so ein Haus oder so eine Wohnung bestellen. Natürlich gibt es viele gute Häuser. Doch wie wir gesehen haben: Es sind die Details, die in bestimmten Bereichen manchmal negativ wirken.

Bist du es dir wert, ein vitales Haus zu bauen oder zu beziehen? Glaubst du fest daran, dass du ein Kind Gottes bist und es dir allein schon deshalb zusteht? Das Universum will, dass es dir BESTENS geht – lass es zu und freue dich!

Ich helfe dir gerne dabei – dies ist meine Aufgabe! Deshalb wurde dieses Buch verfasst! Empfiehl es bitte weiter, damit auch deine Freunde, deine Berufskollegen und so weiter wissen, dass es kein Schicksal gibt – und keine Vorherbestimmung im herkömmlichen Sinne. Es gibt vielmehr gute, einfache Lösungen für auftretende Fragen und Probleme sowie das Recht auf Glück und Fülle.

Kapitel 10

Die Aufarbeitung
der persönlichen Muster

Jedes Leben und damit jeder Mensch ist sehr spezifisch und einzigartig. Selbst wenn sich Lebensverhältnisse auf den ersten Blick ähneln und wir anfangen, diese in eine Schublade zu stecken: Die persönlichen Erlebnisse und Gefühle sind absolut individuell. Sie verlangen deshalb in der Analyse ihrer Auswirkung nach einem ganz bestimmten Verständnis und einer offenen Einstellung. Es ist für viele Menschen sicherlich schwer, ihre Erlebnisse in der Kindheit und frühen Jugend auf bestimmte Aussagen festzulegen. Das müssten sie aber, um dann das eigene Leben als Erwachsener besser oder überhaupt verstehen zu können.

Die nachfolgenden Beispiele zweier Frauen und eines Mannes sollen die Problematik zeigen. Es geht darum, dass sie ihr Leben aufarbeiten und dass das möglich ist – mit gutem Willen und dem In-sich-hinein-Hören. Wenn dir das schwerfällt oder du gleich auf professionelle Unterstützung zurückgreifen möchtest, nimm das Potential-Coaching in Anspruch.

Warum klappen Bestellungen manchmal nicht? Es kann daran liegen, dass die inneren Überzeugungen tiefer und inniger als deine momentanen Wünsche sind. Dann werden dir "nur" diese inneren Überzeugungen geliefert. Deshalb müssen diese tiefen Überzeugungen vollständig aufgelöst und mit vorteilhaften Affirmationen neu programmiert werden.

Wir beschäftigen uns jetzt mit *Willy*, 40 Jahre, Single. Ich lernte ihn kennen, weil er Hilfe benötigte. Vor drei Monaten lernte er im Chat eine Frau kennen, in die er sich unsterblich verliebte. Sie zog sich nach einigen kurzen Treffen allerdings in ihren Ort zurück, der gut 500 Kilometer von ihm entfernt lag. Es zählte aber nur diese Frau für ihn. Er wollte keine andere haben; die Liebe zu ihr hatte ihn voll erwischt. Sie besuchte ihn über Neujahr und nahm ihren 5-jährigen Sohn mit. Der sprach Willy mit "Papa" an – nach nur einem Tag. Den Vater des Kindes hatte die Angebetete verlassen. Sie schien aber irgendwie mit ihm verbunden zu sein. Es stellte sich nämlich heraus, dass sie sich ab und zu wieder mit ihm traf, wobei es bei diesen Treffen nicht um das gemeinsame Kind ging.

Willy und sie telefonierten fast jeden Abend. Und das über Wochen. Kommen sollte er aber zunächst nicht. Vielleicht in ein paar Wochen. Aber dann bitte auch nur für ein paar Tage. Sie warf ihm am Telefon vor, dass er sicherlich mit anderen Frauen intensiv flirte. Für diesen Vorwurf hatte er ihr aber nie einen Grund gegeben. Offenbar wollte sie keinen näheren Kontakt.

Die Aufarbeitung seiner Kindheit hat ergeben, dass Willys Mutter sich früh von seinem Vater trennte. Da Geldprobleme an der Tagesordnung waren, musste seine Mutter den ganzen Tag arbeiten gehen, "damit sie überleben konnten". Das Thema Vater wurde zunächst nur am Rande erwähnt, steckte aber wie ein Pfeil in ihm, denn nachdem ich ihn darauf ansprach, teilte er sofort und mit bewegter Körpersprache mit: "Ich bin nicht wie mein Vater!"

Fazit: Das Schlüsselwort "überleben" hatte sich ihm eingeprägt. In der Tat war er bei meinem Besuch arbeitslos. Seine vorletzte Arbeitsstelle hatte er für die letzte Stelle aufgegeben, was er sehr bedauerte. Sein Verständnis von einem guten Einkommen war im unteren Einkommensniveau angesiedelt. Sein Programm vom "bloßen Überleben" war so tief in ihm verankert, dass sein

Unterbewusstsein alles unternahm, um diesem "Wunsch" zu entsprechen.

Er hatte früh die Trennung seiner Eltern miterlebt. Seine vier Beziehungen waren alle sehr kurz; seine erste Ehe, die vier Jahre dauerte, kränkelte bereits nach zwei Jahren. Willy hatte nichts anderes erlebt. Gefühle wie Nähe und Hingabe beziehungsweise das Empfangen von Liebe waren daher nur schwer möglich.

Er war als Kind tagsüber allein zu Hause gewesen und hatte sich das Essen "selbst herrichten" müssen. Es war also kein Wunder, dass er heute ebenfalls oft allein war und Schwierigkeiten hatte, Kontakte zu anderen Menschen aufzubauen. Sein soziales Umfeld indes nimmt ihn als netten und lieben Menschen wahr.

Das Thema "Vater" saß tief in ihm drin. Er hatte eine starke Wut und einen Groll auf ihn. Beides steht für eine versteckte Angst, und wegen dieser negativen Gefühle musste er in seinem bisherigen Leben immer wieder an Grenzen stoßen. Es war also kein Wunder, dass er immer nur Kontakte und Frauen anzog, die er entweder nicht "überzeugen" oder nicht halten konnte. Sein Selbstbildnis wies zudem ein mangelndes Selbstwertgefühl auf. Er hängte sich geradezu an die oben erwähnte Frau. Für ihn war sie die Frau seines Lebens.

Es war wichtig, die Erfahrung seiner Kindheit neu zu überarbeiten:

- Die Eltern waren herzlich zu sich und zu ihm.
- Der Vater kümmerte sich um ihn, wenn er von der Arbeit kam.
- Seine Mutter war nach der Schule da und kümmerte sich um ihn.
- Liebe ist die Grundlage des täglichen Lebens.
- Geld war immer genügend da.
- Er wuchs mit dem Gefühl auf, dass er stark ist, der Sieger seines Lebens, und dass er von seinen Eltern geliebt wird, einfach weil er da ist!

Morgens und abends vor dem Spiegel sagte er sich, wie toll er ist, wie sympathisch er wirkt und dass er eine anziehende Wirkung auf die Mitmenschen hat, insbesondere auf Frauen. Die Affirmationen für ihn lauteten:

"Ich verdiene das Beste und erhalte immer das Beste."

"Ich mag mich. Ich liebe mich."

"Ich bin es wert, geliebt, geschätzt und vergöttert zu werden."

"Geld ist gut für mich. Der Wohlstand des Universums fließt mir unaufhörlich zu."

Zusätzlich empfahl ich ihm das Aufstellen von positiven Bildern und die Erarbeitung von Collagen zu den Affirmationen. So beschäftigte er sich mit den positiven Themen von Beziehungen und Wohlstand, so dass er sich schon dadurch neu programmierte. Zusätzlich war es unabdingbar, dass er seinem Vater und seiner Mutter vergab. Und auch sich selbst. Er hatte Schuldgefühle, weil seine Mutter auch seinetwegen so hart arbeiten musste, um zu überleben.

Der Groll auf seinen Vater war eine Barriere in seinem Leben. Er behinderte ihn vor allem bei seinen Bemühungen, eine Partnerin zu finden. Immer wenn du einen Groll hast, wirst du Erfahrungen anziehen, die dich behindern und die dir emotionale Schmerzen zufügen. Wenn wir aber vergeben können – so sehr, dass wir sogar beim Aussprechen der Namen der betreffenden Personen lächeln und ein freies Gefühl im Magen haben –, dann sind wir frei, können unseren Weg gehen und die Bestellungen werden ausgeliefert. Eines ist mir in diesem Zusammenhang wichtig: Vergeben heißt nicht, dass Verfehlungen richtig oder unwichtig gewesen seien. Nein, du drückst damit nur aus, dass du diese Erfahrungen aus deinem Leben ein für allemal auflöst, um die Schmerzen nicht länger ständig in immer neuen "Verpackungen" erleben zu müssen. Darum geht es. Lerne zu vergeben! Und die Schmerzen in deinem Leben verschwinden.

Was ist besser: Leiden ohne Ende – Hauptsache, du verachtest jemanden? Oder Freude und Genießen ohne Ende, dafür aber verzeihen? Du glaubst gar nicht, wie viele Menschen lieber Hass und Ablehnung mit sich herumtragen und überhaupt nicht vergeben wollen – anstatt das Leben zu genießen! Ich habe einmal gelernt: Wenn die Schmerzen am größten sind, macht der Mensch alles! Hauptsache, es geht ihm wieder gut. Meistens stimmt das auch. Aber beim Verzeihen sind viele Menschen unnachgiebig. Ich sage dir: Sei egoistisch! Verzeihe aufrichtig! Dazu bedarf es der richtigen Einstellung. Du musst es immer wieder üben. Dann aber kannst du die Früchte deines Tuns ernten: Freude, Lebensgenuss und die Lieferung deiner Bestellungen beziehungsweise Wünsche!

Melanie spielte nach eigenen Angaben immer die zweite Geige in ihren Liebesbeziehungen und erfuhr schnell die "Kündigungen". Sie hatte emotionale Schmerzen ohne Ende und wusste nicht mehr, wie sie das Thema ertragen sollte. Familien mit diesen Mustern behandeln sich oft gegenseitig schlecht. Das Bild, das die Kinder von einer Beziehung bekommen, ist leider abstoßend. Frauen werden reduziert und Männer kritisiert. Melanie glaubte, dass sie keinen guten Partner und keine glückliche Beziehung verdient habe.

Es war deshalb sehr wichtig, dass sie ihre Kindheit neu "besprach", sich also sagte, wie sie gerne gelebt und was sie gerne erfahren hätte. Wie du weißt, akzeptiert das Gehirn, regelmäßig gesprochen, die neue Programmierung. Es verhält sich dann so, als sei dies tatsächlich so passiert. Zusätzlich wird das Selbstbewusstsein durch positive Affirmationssätze gestärkt. Ganz wichtig: Melanie sprach ab sofort die Affirmation, die ihr die neue und wahre Partnerschaft ermöglichen sollte: "Ich freue mich über (oder: Ich danke für ...) eine liebevolle, harmonische Beziehung (Partnerschaft) zu einem Mann, der ... (jetzt alle gewünschten Eigenschaften auflisten, denke auch an die Gefühle, zum Beispiel: leidenschaftlich, ehrlich, treu, wohlhabend, lustig, herzlich, ...) ist, der mir ebenbürtig ist und eine Lebenspartnerschaft mit mir eingeht!"

Affirmationen, die sie zweifelsfrei stärken, lauteten:

- ICH BIN FREI, klar, authentisch, stark und nehme die MACHT der LIEBE an.
- Ich liebe mich so, wie ich bin.
- Ich werde geliebt. Ich bin liebenswert. Ich bin Liebe!
- Ich bin Freude.
- Ich bin in mich verliebt. (Super!)

Zusätzlich schaute sie in den Spiegel und sagte zu sich jeden Morgen und jeden Abend: "Ich achte und respektiere mich. Ich erwarte das Beste.

Ich verdiene heute und in Zukunft das Beste.

Ich liebe dich, ich glaube an dich, du siehst super aus, du ... (was fällt dir noch ein?).

Ich verdiene den idealen Partner für mich, denn ich bin schließlich auch eine super Partie.

Ich verdiene es, glücklich zu sein."

Anette ist Single und 42 Jahre jung. Sie hatte leider immer wieder Beziehungen, die eine gewisse Zeit hielten, bis sie sich aus ihrem Leben "einfach so" verabschiedeten. Sie ist eine starke Frau, Comedian von Beruf, herzlich und charmant. Aber sie hat auch etwas Unnahbares. Als "Schauspielerin" fühlt sie sich "pudelwohl". In ihren Rollen konnte sie sich verstecken, was sie auch zugab. Sie wünschte sich seit geraumer Zeit einen festen Partner, aber es klappte einfach nicht. Sie lernte zwar viele Männer kennen, ging aber inzwischen mit Distanz oder Vorsicht an die Sache heran.

Nachdem ich nichts Besonderes an ihrem Leben finden konnte, ließ ich mir ihre Kindheit erzählen. Und da kamen wir weiter: Ihre Mutter hatte sie bei ihrer Großmutter aufwachsen lassen und kam gelegentlich abends und am Wochenende, um sie und deren Schwester zu "besuchen". Sie hatte also gelernt, dass ein lieber Mensch sie hergibt und nach Lust und Laune immer mal wieder vorbeikommt. Tatsächlich hatte sie gerade wieder Kontakt zu einem Ex-Lover. Er versprach ihr diesmal die große Liebe, um sich innerhalb von drei Wochen zurückzuziehen. Und dabei hatte Anette gerade angefangen, sich zu verlieben.

Ich habe ihr geraten, sich und ihrer Mutter zu vergeben. Sich, weil sie alles richtig gemacht hat, und ihrer Mutter, weil sie arbeiten wollte, um keine Sozialhilfe beantragen zu müssen.

Zusätzlich erhielt sie aufbauende Affirmationen und stellte sich vor, dass die Mutter sie und ihre Schwester abends immer zu sich holte.

Um aus solchen Rollen auszubrechen, ist es immer wichtig, sich die "Filme" genau anzuschauen. Man sieht dann, dass sich innerlich immer ein Gefühl von Machtlosigkeit breitgemacht hat. Dann aber geht man aus der Opferrolle raus und wird zum Schöpfer seines Lebens.

Die Liebe ist die stärkste Macht in unserem Leben. Sie strahlt von dir aus und zieht herrliche Erlebnisse in dein Leben. Die Liebe zu sich selbst und zu seinem eigenen Leben ist die Basis für diese grundlegende Veränderung!

- Du ziehst Menschen an, die dir wohlgesinnt sind und die sich bei dir wohlfühlen.
- Da du innerlich frei bist, hältst du "Täter" und Nörgler von dir fern.
- Du strahlst Vertrauen aus, da du zu dir Vertrauen hast.
- Du wirst nicht mehr aus Liebesmangel heraus funktionieren, dafür aber aufrichtige Liebe erfahren.
- Psychosomatische Krankheiten verschwinden oder gehen deutlich zurück.
- Du gibst gerne, ohne etwas dafür zu erwarten. Das ist wahrer Reichtum. Das Universum wird dir deine Großzügigkeit auf andere Art vergüten.

Wer liebt, trägt keine Schuld in sich. Vergeben, danken und sich in reinem, weißem Licht sehen – damit sind alle Ereignisse erledigt! Vielleicht dauert es ein paar Tage oder Wochen. Aber dann hast du das Vergangene aufgelöst!

Sieh das Ereignis, das dir vielleicht eine Schuld "zugeführt" hat, als eine Ursache an, die dich zur Lösung auffordert. Damit ist die Sache dann erledigt. Lobe und liebe dich dafür und *sei wieder glücklich!* Wenn andere Menschen weiter an dir nörgeln, lass sie los und gehe weg von ihnen. Du bleibst in deinem fröhlichen Alltag und siehst deine Wünsche zu dir kommen! Wisse, dass du ein "liebenswerter Mensch" bist, der sich über alles "liebt". Schreibe dir auf, wie du bist. Freue dich und bedanke dich bei dir, bei Gott und beim Universum, dass du sein Kind bist. Das genügt! Freue dich! Lache! Das Leben wird dir nach deiner inneren Überzeugung eine Situation zuführen, die dieser entspricht. Garantiert. *Enjoy your life!*

Kapitel 11

Wie man zur eigenen tollen Aura findet

Charisma bedeutet Ausstrahlungskraft. Eine warme, herzliche Ausstrahlung ist der Schlüssel zu Glück und Erfolg. Dies kommt von innen und sorgt für eine Anziehungskraft, die auch Menschen haben, die nicht so vorteilhaft aussehen – zumindest aus Sicht einer Gesellschaft, die zunehmend nur noch auf Äußerlichkeiten achtet.

Innen sitzen auch unsere Glaubenssätze, was und wie wir über uns denken. Das Wichtigste für deinen Alltag ist, dass

- du gut von dir sprichst,
- dich gut behandelst und
- dich liebst.

Wenn die positive Selbstsicht zu deiner Überzeugung geworden ist, werden die anderen es ebenfalls tun! Man kann es auch so sagen: STÄRKE DEIN SELBSTBILD! Bitte lobe dich für jede Tat, und sei sie noch so klein. Sage dir beispielsweise, wie gut du die Wäsche zusammenlegst, das Auto reinigst oder, oder, oder. Wenn du einen Fehler gemacht hast, sage dir: "Na und? Beim nächsten Mal mache ich es richtig; ich habe heute etwas gelernt. Toll!"

Sei dir bereits beim Aufwachen bewusst, dass die ersten Gedanken in dein Unterbewusstsein fallen und deshalb sehr positiv sein sollten. Deshalb: Bedanke dich für das schöne Leben, deinen schönen Körper und deine "unendlich herzliche und schöne Ausstrahlung". Wiederhole das vor dem Spiegel, sage es dir immer wieder! Mit Power, Lächeln und Freude! Sage dir, wie toll du bist. Immer und immer wieder! Lasse fröhliche Musik oder Comedians auf CD laufen, damit du lachen und dich freuen kannst. DAS IST SO WICHTIG!

Merke dir: Du erwartest immer DAS BESTE in deinem Leben, in jeder (!) Situation. Frage dich immer wieder: "Was ist das Höchste und Beste, was ich hier bekommen kann oder erleben möchte?" Und dann sage dir, dass es dir zusteht. Glaube und fühle es. Lass dann los! Gehe dann ans Werk – mit einem Lächeln und der inneren Überzeugung, dass es dir zusteht und dass du es bekommst. Hänge dir diesen Hinweis in deiner Wohnung auf. Lege ihn in deinen Geldbeutel. Hauptsache, es geht dir in Fleisch und Blut über.

Wenn du noch Schwierigkeiten damit hast, macht das nichts. Du programmierst dich neu, und das braucht Zeit. Wie du weißt, dauert eine Neuprogrammierung bis zu 21 Tage.

Die neuen Affirmationen sprichst du mehrere Male am Tag; gleichzeitig trainierst du, immer das Beste zu erhalten und zu erleben. Lächle dabei, mindestens fünf Minuten am Stück, x-Mal am Tag. Wenn du auf andere Menschen zugehst, solltest du versuchen, von ihnen Zustimmung und positive Aussagen zu erhalten. Dazu genügt es, Wörter wie "schön" und so weiter als Antwort zu bekommen. Frage also wenigstens drei Dinge, die dein Gegenüber positiv beantworten kann! Dadurch wird dich dein Gegenüber positiv, bestätigend und mit Zuneigung betrachten. Du wirst dich dadurch besser fühlen und eine herrliche Einstellung spüren.

Achte bitte auch auf deine Körperhaltung, die deine neue positive Einstellung spiegelt.

- Brust raus
- Schultern zurücknehmen
- Rücken gerade halten
- Arme nie verschränken und die Hände nicht in die Hosentaschen stecken
- Beim Stehen sind die Beine parallel angeordnet.
- Gehe langsam, aber bewusst auf andere Menschen zu.
- Schaue ihnen in die Augen (am besten zwischen die Augen des Gegenübers schauen, dann fühlst du dich sicherer).
- Erwidere den Blick des anderen mit einem Lächeln.
- Schenke deinem Gesprächspartner deine volle und ehrliche Aufmerksamkeit und zeige dies mit verbalen Äußerungen ("Echt?") und deiner Mimik (zum Beispiel Zähne auseinander, interessiertes Lächeln).
- Drücke die Hand deines Gegenübers mit einen festen, herzlichen Händedruck.
- Lächle, denn wer lächelt, hat eine hellere, angenehme Stimme.
- Entwickle innere Begeisterung und Freude. ("Mein Leben ist schön. Ich bin Freude!")
- Sende geistig allen Menschen, Tieren und Dingen gute, wertschätzende Gedanken.

Zusätzlich solltest du fröhliche Farben tragen, das Hemd etwas öffnen und einen leichten Gang haben. Wenn du sprichst, sollte es deine normale, schöne Stimmlage sein. Wie sprichst du, wenn du etwas Schönes geschenkt bekommen hast? Sprich es immer wieder nach. Lerne, deine Sprache daran anzugleichen. Nuscheln und Verhaspeln sind No-Gos und gelten als unsympathisch. Trainiere zu sprechen. Spare dafür zum Beispiel das Fernsehen ein. Nimm einen Korken oder etwas Ähnliches in deinem Mund und sprich einen Text immer wieder, bis du selbst verstehst, was du sprichst!

Lerne, dich zu lieben und anzunehmen: "Ich mag mich. Ich liebe mich." Weiter: "Ich bin wunderbar! Ich bin sexy! Ich bin charismatisch!" Dann werden dir die folgenden Dinge sicher nicht mehr begegnen beziehungsweise du wirst die folgenden Verhaltensfehler nicht mehr begehen:

- Mangelnde Anerkennung Dritter
- Vermeintliche Ablehnung von Geschenken ("Das hätte doch nicht sein müssen!")
- Selbstkritik, auch kleiner Art ("So ein Mist, das passiert auch immer nur mir!")
- Häufige Entschuldigungen
- Unsicherheit und häufiges Hinterfragen von eigenen Handlungen und Erfolgen
- Hinnehmen von Kritik und Ungerechtigkeiten

Hier gilt: Grenze dich ab. Hierzu habe ich eine wichtige Affirmation von Mrs. Ponder für dich: "Es gibt eine unsichtbare Gerechtigkeit, die in meinem Leben und in all meinen Angelegenheiten wirkt, und sie wird jetzt sichtbar!" Du wirst keine Ungerechtigkeit mehr erfahren, wenn dein Unterbewusstsein dies angenommen hat.

Vergleiche dich nie mit anderen Menschen. Du bist schließlich einzigartig. Lies diesen Satz mehrmals durch, damit dir die Dimension bewusst wird.

Oft genug werde ich gefragt: Wie werde ich glücklich, erfolgreich und so weiter? Meine Antwort: Indem du dich dafür entscheidest! Sage es, schreibe es mehrere Male auf und verhalte dich dann dementsprechend.

Kapitel 12

Deine Lebensaufgabe

Du hast in diesem Buch erfahren, dass es um die Leichtigkeit des Seins geht. Weiterhin möchtest du wissen, wie du in deinen Flow kommst, damit du alles haben kannst, was du möchtest. Trotz der Widerstände, die dich behindern können, gibt es einen Bereich, der alle Widerstände bezwingen kann und der dich in eine mitreißende Freude und Vitalität bringt!

Jeder Mensch ist mit einzigartigen Fähigkeiten und Talenten auf die Welt gekommen. Damit kann er der Menschheit dienen – was ihm das Gefühl gibt, dass er genau das Richtige macht. Bei dir ist das nicht anders. Damit du Spaß und Freude hast, muss es etwas geben, das dich ständig "oben" hält. Die Frage lautet daher: Was ist das HÖCHSTE POTENZIAL, das heißt deine Wirkungsfähigkeit, dein Leistungsvermögen, deine Leistungsfähigkeit? Was bringt dich immer in deine Mitte?

Die Antwort kann nur lauten: Es ist das HÖCHSTE POTENZIAL eines Menschen, seine LEBENSAUFGABE zu erkennen und sie zu leben. Hierzu zählen deine Talente und Fähigkeiten, die zum Einsatz kommen. Dadurch kommen auch deine ureigenen Stärken zur Entfaltung: "Ich habe einen einzigartigen, besonderen Beitrag zu leisten." Und damit lösen sich deine Probleme insgesamt! Du spürst deine Lebensaufgabe am Gefühl von Vitalität und Lebendigkeit! Du hast die Empfindung, dass dein Leben eine größere Bedeutung hat und dass du einen wertvollen Beitrag leistest. Du wirst dich in allen Lebensbereichen glücklicher fühlen; du verleihst deiner Persönlichkeit vollständig Ausdruck.

Wenn du deine Talente und Fähigkeiten einsetzt, dann kannst du Möglichkeiten des Geldverdienens anziehen. Es sind auch Chancen, durch die du dein Wesen zum Ausdruck bringst. Optionen, die dich herausfordern und stimulieren. Denke daran: Allein wegen deiner Lebensaufgabe bist du auf die Welt gekommen! Vertraue deinem Herzen, und folge deinem höheren Weg. Dir wird auf diesem Weg sehr viel mehr Geld und Fülle zufließen als auf irgendeinem anderen! DEFINITIV! Denn wenn wir das machen, was uns gefällt und begeistert, haben wir Spaß und Freude an einer Sache. Und alles gelingt uns spielend LEICHT. Das Gefühl, das dich hierbei begleitet, ist das höchster Vitalität. Deine Tage sind dann von Freude, Spaß, Begeisterung, völliger Entspanntheit und innerem Frieden gekennzeichnet. Dein HERZ-ZENTRUM wird vollständig aktiviert. Das sind alles Gefühle, die Verliebte spüren und kennen. Wir möchten dann gar nichts anderes mehr spüren!

Damit wir unsere Aufgabe erfüllen können, bekommen wir vom Universum jegliche Unterstützung - wie Verliebte. Merke dir: Das Universum sagt, dass du all das, was gut für dich ist und was deinem höheren Wohl dient, bekommen kannst. Sofort. Heute noch. Wenn du es willst.

Alles, was beim Manifestieren deiner Wünsche geschieht, hilft dir auf irgendeine Weise - und zwar dabei, dein größtes Potenzial zu erreichen, deine innere Stärke zu wecken, um zu neuen Ebenen der Meisterschaft zu gelangen. Genau das will das Gesetz der Anziehung. Es will, dass du ständig im Gefühl der Freude bist und Spaß erlebst - nur darum geht es. Dieses Gefühl wirkt berauschend, nur dass du dazu keinen Alkohol brauchst.

Das GESETZ der ANZIEHUNG besagt, dass die Welt uns nur so behandeln kann, wie wir uns selbst wahrnehmen. Wenn dir also dein Potenzial bekannt ist, wenn du es kennst, spürst und begeistert davon bist, wie es sich anfühlt, dann lebst du die wahre FREUDE. Gleichzeitig bist du völlig entspannt. Entspannt sein ist eine wichtige Voraussetzung, um zu manifestieren, was man will.

Es geht also nicht darum, irgendetwas zu wünschen, was du gar nicht brauchst. Du wünschst dir am besten das, was deiner Lebensaufgabe dienlich ist und dir in jeglicher Hinsicht auch innige und anhaltende Freude schenkt. Denn wenn wir glücklich sind, befinden wir uns in einem Zustand der Wertschätzung. Sind wir begeistert, dann sind wir für irgendetwas dankbar – und Dankbarkeit zieht automatisch wieder gute Erlebnisse in unser Leben.

Unabhängig von der Lebensaufgabe ist etwas für dich schön zu sehen: dass jedes Gefühl, das dir guttut und das du dir "zuführst", Menschen und Situationen anzieht, die zu diesem Gefühl passen. Wie du schon weißt, kommen Gefühle nie zufällig auf. Sie sind in dir zu suchen, und die Lebensaufgabe ist auch in dir! Die Lebensaufgabe zu leben heißt auch:

- Frei zu sein:

Erwartungen zum Beispiel sind immer Kontrollversuche, ja sogar die Sucht nach Kontrolle. Sie bremsen die Entwicklung erheblich.

- Vertrauen zu sich:

Sich selbst zu vertrauen heißt auch, seiner Familie und seinen Kindern zu vertrauen.

- Vertrauen zum Universum.
- Freude und Begeisterung zu erleben und auszustrahlen. "Strahlen" steht ja auch für "Charisma".
- Magnetisch für deine wahren Wünsche zu sein:

Wer im FLOW ist, hat automatisch gute Gefühle, die wiederum für weitere gute Gefühle sorgen. Es gibt verschiedene Wege, in den FLOW zu kommen.

Die edelste Form ist es, seine Lebensaufgabe zu leben! Du wirst magnetisch für ALLES, was dir hilft, deiner Lebensaufgabe Ausdruck zu geben. Die Folgen sind wunderbar:

- Du wirst die Dinge anziehen, die du dir wünschst oder die sogar besser sind als das, worum du gebeten hast.
- Du wirst die Dinge bekommen, bevor du merkst, dass du sie brauchst.

Du sollst dir das Allerbeste wünschen, und das Universum wird dir dann den Wunsch sehr schnell erfüllen. Aber vielleicht anders, als du es dir vorgestellt hast.

Wenn es dir um Erfüllung geht, hat es ab jetzt höchste Priorität für dich, deine Lebensaufgabe herauszufinden. Sofern du sie noch nicht kennst. Finde deine Lebensbestimmung, indem du aufschreibst, was für dich einen großen Wert hat. Und zwar in jeder Hinsicht! Übergib diese Liste deinem Höheren Selbst. Visualisiere deine Tätigkeit mit Unterstützung von Collagen. Achte darauf, an alles zu denken. Wie sind die Mitarbeiter? Welche Verantwortung willst du tragen? Welche Aufstiegsmöglichkeiten hast du? Wie ist deine Kundenstruktur? Welches Monatseinkommen erträumst du dir? Welche Verantwortungsebene möchtest du bekleiden? Hegst du den Wunsch nach Anerkennung? Willst du ein großes Maß an Autonomie und Freiheit haben?

Dein Höheres Selbst spricht durch deine Gefühle, deine Imaginationen, deine starken Wünsche und deine Träume zu dir. Es führt dich zu Dingen, die dir Freude bereiten und die Bilder von Tätigkeiten in dir aufsteigen lassen, die dich erfreuen. Dein tiefstes Verlangen und deine Träume entspringen deiner Seele! Frage dich: Was liebe ich zu tun? Was erregt mich? Aber frage bitte niemals: Was kann ich für die Welt tun? Sage dir stattdessen immer wieder: "Ich führe jetzt mein ideales Leben."

Zusammenfassung:

- Schreibe dir alle (!) gewünschten Bedingungen auf, die du liebst.
- Denke NICHT daran, ob diese umsetzbar sind. Das ist sehr wichtig.
- Hast du Hobbys oder Vorlieben (nachmittags willst du Pause haben, spielst du gerne Karten, liest du gerne Bücher, spielst du gerne Golf und so weiter)?
- WEITER: ÜBERLASSE jetzt deinem HÖHEREN SELBST die ganze Sache.
- BITTE um das, was du dir WÜNSCHST. Dabei ist es egal, wie unpraktikabel oder weit hergeholt es erscheinen mag.
- Du kannst auch einen versierten, professionellen Astrologen fragen, da in deinem Horoskop oft die Lebensaufgabe oder Lebensaufgaben stehen.

Wir haben gesagt, dass es die edelste Form ist, deine Lebensaufgabe zu leben! Dadurch wirst du magnetisch für ALLES, was dir hilft, deiner Lebensaufgabe Ausdruck zu verleihen.

Hast du deine Lebensaufgabe gefunden? Dann wirst du eine Freude und Vitalität erleben, die dich geradezu beflügelt und den Aufenthalt auf Mutter Erde zu einem Genuss werden lässt. Du wirst dann wirklich alles, was du dir sehnlichst wünschst, in dein Leben ziehen!

Kapitel 13

Das innere Liebe-Freude-Energie-Karussell (LiFE-Karussell)

Die Lebensaufgabe ist deshalb so wichtig, weil sie unseren Platz innerhalb dieser Gesellschaft zeigt, definiert und erläutert. Sind wir uns unserer Lebensaufgabe bewusst, sind wir vital und happy. Wir strotzen vor Tatendrang und wollen fast gar nichts anderes mehr tun. Dies ist sehr wichtig. Denn Glücklichsein und Freude sind unser Naturrecht. Davon können wir gar nicht genug bekommen!

Das Leben besteht aber nicht nur aus Arbeit, die begeisternd, motivierend und erfüllend sein sollte und der Menschheit dient. Deine Tage sollten auch mit Freizeitaktivitäten, Hobbys und sozialen Kontakten gefüllt sein. Der Schwerpunkt oder die Schwerpunkte sind individuell verschieden und anders geartet. Eines aber haben alle Menschen gemeinsam: Der Mensch will glücklich sein. Aber ich gehe noch deutlich weiter und sage: Der Mensch *darf* glücklich sein. Nein – er SOLL es sogar! Nur wenn er glücklich ist, kann er sich auf sein Wesen und sein Dasein mit Freude und Schaffenskraft konzentrieren.

Zwar wird mir jeder zustimmen, dass ein jeder oder eine jede glücklich sein will. Doch was, wenn ich sage, dass es das Grundrecht des Menschen ist, glücklich zu sein? Dann werden leider die meisten antworten, dass sie es nicht glauben. Sie werden vielleicht sogar vehement darauf bestehen, dass das nicht sein kann.

Die Kirche hat schon vor Hunderten von Jahren verkündet, dass der Mensch nur durch Unterwürfigkeit, blinden Glaube an die Kirche und harte Arbeit ins Paradies kommen kann.

Vor noch nicht einmal hundert Jahren wurden Kinder "prophylaktisch" geschlagen. Das Motto hieß: Wer sein Kind liebt, schlägt es, damit es rechtschaffen aufwächst und voller Demut sein Leben führen kann. Leider sind diese Thesen in unseren Zellen verankert. Und es ist an der Zeit, mit diesem Nonsens ein für alle Mal aufzuräumen.

Der Lehrsatz lautet: "Ich bin auf der Welt, um meine Lebensaufgabe zu leben und um glücklich zu sein, voller Liebe und Freude!" Und warum? Weil deine Seele, der Kern dessen, was dich antreibt und befriedigt, glücklich sein will. Sie hat kein Interesse an materiellen Gütern oder Prestigedenken. Nur zur Klarstellung: Materielle Güter darfst du haben. Du sollst sie auch haben – wenn sie dir Freude bereiten und dich zudem bei deiner Lebensaufgabe unterstützen oder weiterbringen. Doch wie wir bereits gesehen haben, sind die Freude und das höchste Glück, die Liebe, der höchste Ausdruck unseres Lebens schlechthin. Wenn wir dies erleben, könnten wir Bäume ausreißen. Wir sind gesund, vital und ziehen alles in unser Leben, was wir begehren und was uns guttut!

Die Frage kann daher nur lauten: Wie aktiviere ich meine Liebe-Freude-Energie?

Dazu ist es wichtig zu akzeptieren, dass ...

... wir Genuss und Leichtigkeit leben dürfen und sollen!

... wir genügend Entspannungspausen in unseren Alltag einbauen.

Denn dann kommen wir mit unserer inneren Stimme oder inneren Führung in Kontakt. Und die sagt uns alles. Sie leitet und an, damit wir Erfolg, Freude, Gelassenheit und Leichtigkeit leben.

Leichtigkeit ist die Aufgabe, die innere Kraft für uns wirken zu lassen. Gewissermaßen dürfen wir dies trainieren, bis wir die Technik beherrschen. Dann aber wird ein Turbo in uns eingeschaltet, der uns schneller, angenehmer und wirksamer leben lässt. Es ist natürlich schon ein Unterschied, ob ich ein sehr bequemes und sicheres Oberklasseauto oder einen "Trabi" fahren kann. Erkennst du den Unterschied?

Wenn wir an uns glauben, an unsere Fähigkeiten und uns annehmen, wie wir sind – das ist schon die uns tragende Eigenliebe. Wenn wir über uns denken oder sprechen, sollten wir uns wertschätzen. Dies gilt für uns, aber auch gegenüber unseren Mitmenschen, Tieren und Pflanzen sollten wir diese Regel beherzigen.

Jeder Mensch hat einen Bereich, den wir SEELE nennen. Dieser Bereich wird für gewöhnlich im Bauch, oberhalb des Nabels, lokalisiert. Wenn wir leiden, schlägt es uns auf den Magen, wenn wir lieben, kribbelt es so richtig heftig im Bauch. Das ist ein Hinweis darauf, dass hier das Zentrum der Seele sitzt. Die Seele hat jedoch einen Kern. Der kann zugänglich gemacht werden mittels eines bestimmten Codes, der von Mensch zu Mensch verschieden ist. Dieser Kern ist an ein "Kreislauf-System" angeschlossen, das mittels körpereigener Energie zum Laufen gebracht werden kann. Es läuft immer weiter. Solange wie wir es wirklich wollen. Das Gefühl entspricht genau dem von Verliebten. Es gibt aber einen gewaltigen Unterschied: Diese Phase hält nicht nur maximal vier Jahre an. Es wird ewig so laufen – wenn du es zulässt. Und nicht nur "magst!"

Wird dieses System aktiviert, geht
• das innere Licht an und
• das LiFE-Karussell fängt an, sich zu bewegen.

Der Energiestrahl setzt sich in Bewegung. Er läuft durch deinen Körper und tritt oben im Kopfscheitel aus. Im Uhrzeigersinn taucht er außerhalb des Körpers in den Boden ein, um danach über deine Füße in den Körper zu gelangen.

Lass dich bitte jetzt auf diese Darstellung ein. Lies nicht weiter. Fühle diese Bewegung. Merkst du das Kribbeln oder Ähnliches in deinem Körper? Atme tief ein und aus, zwei- oder dreimal, und sprich nun die Worte: "VIBRIERE, VIBRIERE!" Achte wiederum auf deinen Bauch! Es dürfte jetzt, in diesem Augenblick, in deinem Bauch kribbeln. Das wird dir ein Gefühl von Glück oder Liebe schenken. Oder von Verliebtsein!

Schließe nun bitte deine Augen und lass dich ganz auf das Geschehen ein. Du kannst eine innere Helligkeit sehen. Sie wird immer stärker, je länger du das trainierst. Du siehst genau genommen das innere Licht, das die mechanische Antriebskraft für dein "Liebe-Freude-Energiekarussell (LiFE)" darstellt! Das innere Licht entspricht im Kern dem Licht der Sonne, das wir zum Leben brauchen. Denn LICHT bedeutet LEBEN. Wo Licht hinkommt, dahin folgt die Energie – und damit Bewegung beziehungsweise Leben, also Aktivitäten aller Art.

In der asiatischen Energielehre ist das Anreichern von Sauerstoff und Qi im Haus unabdingbar für Erfolg, Freude, Gesundheit, Liebe und sozialen Zusammenhalt. Dabei ist Qi die Lebenskraft, die uns so vital macht! Das Wort "LICHT" ist im Wort "LEICHTIGKEIT" enthalten. Wo Licht ist, da können wir (hin-)sehen, da ist alles einfach, da lassen sich Aufgaben leicht lösen. Wo es aber dunkel ist, wo wir nichts sehen – da kommen wir gar nicht oder nur sehr schwer vorwärts im Leben. Leichtigkeit und Licht sind also zwei Parameter, die uns zustehen. Sie machen uns das Leben erheblich leichter.

Die Seele ist das Pendant zum Qi im Asiatischen. Sie ist die Kraft, die in uns steckt und die aktiviert werden möchte. Wenn wir das wahre Potenzial zur Entfaltung bringen wollen, brauchen wir den Wegweiser, das Licht! Um zur Seele zu gelangen, müssen wir uns "aufmachen". Dann können wir das Gute und das Glück hereinfließen kann. Ja, das sollen sie sogar! Dies gelingt natürlich nur mit Leichtigkeit, da wir nur die innere Aktivität zulassen. Sonst aber tun wir gar nichts. Und das ist auch so gewollt!

LEICHTIGKEIT steht auch für UNBESCHWERTHEIT, TRAGBARKEIT sowie SORGLOSIGKEIT. Mit Leichtigkeit erscheint uns das Tragen als unbeschwerte Aktivität. Kennst du den folgenden Satz? Bei Kummer lässt Gott jeden nur so schwer sein Kreuz tragen, wie er kann? Das ist eben nicht richtig. Wir sollen vielmehr den inneren Kreislauf in Aktion bringen und laufen lassen. Sogleich nimmt uns das Leben die Schwere. Es führt uns das Glück beziehungsweise die Freude zu!

Das wahre POTENZIAL beinhaltet auch die Begriffe RESERVOIR, WIRKUNGSFÄHIGKEIT beziehungsweise LEBENSKRAFT und MUT. Wir haben also alles Wissen und Können in uns. Diese Faktoren wirken für uns. Sie geben uns eine Power, von der wir nicht mal zu träumen gewagt haben! Das Licht, das in uns aufgeht, sorgt logischerweise für die ERLEUCHTUNG. Du kennst sicher die Redensart: "Ihm oder ihr ging ein Licht auf." Ebenso schafft es KLARHEIT. Die Klarheit wird mit Entschlossenheit, aber auch Fleckenlosigkeit (!) und Unerschütterlichkeit übersetzt. Wenn das Licht in uns aufgeht, ist alles rein und der Weg für uns vorgezeichnet. Dabei ist das LICHT unser Wegweiser.

Folge dem Licht. Sei "überzeugt von dir". Beginne deine Affirmationen mit: "Ich bin überzeugt davon, dass ..." Beachte aber: Du erhältst alles, was dir guttut, und nicht unbedingt das, was du willst; das ist ein Unterschied!

Wenn du dem Licht folgst, brauchst du keine Kontrolle mehr in deinem Leben. Du bist ja bereits auf dem richtigen Weg – mittels deiner inneren Führung. Auch wenn sie dir gar nicht mehr bewusst ist. Wer keine Kontrolle mehr in seinem Leben benötigt, ist im Vertrauen. Er oder sie glaubt an sich. Du lebst dann dein Potenzial oder bist auf dem Weg, es dir vollkommen zu erschließen.

Das innere Glück steht für die hohe Energie, die in dir herrscht. Es geht also um die Zufuhr von höchster Energie, die wir auch im Zustand der Liebe oder des Verliebtseins kennen. Wir haben dann keine Angst. Wir spüren nur die Hoffnung, dass dieser Zustand immer so bleiben möge. Und wenn du in diesem Zustand bist und dein inneres Karussell zum Laufen gebracht hast, steht der innere Kanal auf Empfang: Du ziehst alles an, was der Seele guttut beziehungsweise was sie möchte. Sogar, wenn du gar nicht danach gefragt oder darum gebeten hast!

Wenn der Kreislauf agiert und du im Zustand von Freude und Liebe bist, hat sich der innere Magnet automatisch und gleichzeitig eingeschaltet. Damit du deine Wünsche geliefert bekommst. Und noch etwas entwickelt sich, gleichsam ohne Anstrengung – und auch das lässt dein Leben zum Genuss werden: Du lebst immer mehr das Prinzip der Gelassenheit. Gelassenheit ist sehr, sehr wichtig: Deine Bestellungen werden alle ausgeliefert, da du dich fühlst, als benötigtest du deine Wünsche nicht wirklich. Aber gerade deshalb können sie schnell und vollständig geliefert werden! Dies schließt auch eine wichtige Tatsache ein: Das Universum teilt dir mit, was du wann tun sollst, um die Lieferung in Empfang zu nehmen!

Der innere LiFE-Kreislauf entwickelt genau genommen eine Sogwirkung, die alles anzieht, was dir Freude und Glück beschert. Stell dich mal neben eine Wasserschaufel, die schnell läuft: Du wirst den Wind merken, den sie verursacht. Oder stell dich an die Niagarafälle: Die Energie ist hier so hoch, dass ein normaler Mensch dort mit 4 bis 4,5 Stunden Schlaf pro Nacht locker auskommt. Und du weißt ja: Die empfohlene Durchschnittsschlafzeit liegt bei 8 Stunden.

Jede Seele, also auch deine, möchte in diesem Leben ihre Lebensaufgabe erfüllen und glücklich sein. Wir können in diesem Zusammenhang auch von der Vitalisierung deiner Seele sprechen. Soll es dir so richtig gut gehen? Dann solltest du für etwas sorgen: Das Grundstück, auf dem du lebst, muss frei von geopathischen Störfeldern sein. Stattdessen sollte es möglichst mit positiven Kraftfeldern versehen sein. Sie sind für Mensch und Tier sehr förderlich. Dieser Zustand wird durch eine ERD-VITALISIERUNG erreicht. Sobald dies geschehen ist, wird sich dein Leben leichter gestalten. Stolperfallen jeglicher Art werden deinem Leben fernbleiben.

Die Wände deines Zuhauses speichern auf sehr feine Art die Gefühle und Handlungen der Bewohner. Sie geben sie immer wieder in den Raum ab. Auch alles, was die Harmonie trübt. Es versteht sich von selbst, dass das niemand gebrauchen kann! Was geschieht nach der Vitalisierung der Räume, auch SPACE CLEARING genannt? Du fühlst dich angenehm und "pudelwohl". Deine Familie ebenso wie deine Haustiere und Pflanzen. Du bist mit einem tiefen inneren Frieden in dir "ausgestattet". Die negativen Schwingungen der Vorbesitzer sind vollkommen aufgelöst und können dir nichts mehr anhaben.

Wie ich bereits geschrieben habe, macht es Sinn, in einem Vitalhaus zu leben. Denn dein Körper erfreut sich an den mehr als angenehmen Schwingungen der Baumaterialien, Farben und so weiter. Ebenso belebend wirken der hohe Sauerstoffgehalt und der große Anteil an Qi. So kannst du es dir gut gehen lassen.

Was kannst du sonst noch für die Vitalisierung deiner Seele tun?

Es gibt zwei Wege:

1. Du aktivierst deinen inneren Kreislauf selbst.
2. Du nimmst professionelle Unterstützung in Anspruch, um deine innere Power beziehungsweise deinen inneren Liebe-Freude-Energiekreislauf (LiFE-Karussell) in Gang zu setzen.

Du möchtest Option 1 versuchen?

Wenn du deinen LiFE-Kreislauf aktivieren möchtest, solltest du ruhig werden. Sei locker und entspannt. Atme tief ein und aus, aber eher ruhig und über den Bauch! Dann fängst du an, mit deinem Schreibarm ovale oder rennbahnförmige Kreise zu zeichnen. Tu dies immerzu. Achte auf das Gefühl, das sich in deinem Bauch einstellen wird. Durch diese Bewegungen wird der Körper nach und nach Endorphine und weitere wohltuende Hormone ausschütten, die dir guttun.

Begleitend solltest du lächeln. Sogar dann, wenn es dir noch nicht so richtig gut geht.

Nach mindestens fünf Minuten ununterbrochenen Lächelns wird dein Gefühl zusätzlich wohltuend sein. Nach gut 15 Minuten werden sogar Schmerzen vollständig verschwinden.

Wenn es dir besser oder bereits so richtig gut geht, wirst du ein inneres Licht wahrnehmen. Oder wenigstens eine Erhellung. Das ist das Signal: Die Leichtigkeit drückt sich in dir aus. Das zeigt, dass du auf dem richtigen Weg bist.

Mit der Zeit fängst du bei diesen Bewegungen automatisch an zu lachen. Dir kommen Gedanken in den Sinn und du spürst, was dir guttut und was du tun möchtest. Gib dem Drang nach, und lass deine Gedanken außen vor.

Du kannst dann vor deinen Spiegel treten und dir sagen, wie toll es dir geht und wie charismatisch du aussiehst. Das solltest du sowieso jeden Morgen und jeden Abend tun. Es gibt keine bessere Übung, als dir vor dem Spiegel immer wieder das zu sagen, was du später in der Öffentlichkeit über dich hören möchtest.

In diesem Zusammenhang möchte ich dich noch auf eine wichtige Tatsache hinweisen. Wenn es dir nicht gut geht, zum Beispiel weil du dich einsam, verlassen oder einfach nur traurig fühlst:

1) Nimm diese Situation an. Sei sie noch so hart oder schmerzlich. Wehre dich bitte NICHT! Lass die Tränen und die begleitenden negativen Gefühle zu. Die Zeit scheint stillzustehen. Du weißt vielleicht nicht, wie es weitergehen soll. Aber: Nimm diese Situation an. Denn wenn du die Lektion gelernt hast, wird sie nicht mehr wiederkommen! Oder sie wird in einer so abgeschwächten Form daherkommen, dass du selbst darüber lachen kannst. Da du nicht mehr vor dir und der Mitteilung deiner Seele wegläufst, weiß die Seele, dass du sie verstanden hast. Sie muss sich dir nicht mehr auf schmerzhafte Weise mitteilen.

2) Stehe zu den vermeintlichen Folgen. Mache dir zusätzlich den *worst case* und den *best case* klar. Es kann ja nicht mehr schlimmer kommen. Und das potenziell Beste hast du dir gerade klargemacht. Also stehst du irgendwo dazwischen. Die Natur akzeptiert KEIN Vakuum, und daher kannst du jetzt Erfahrungen anziehen, die dir guttun werden. – Deshalb kommt jetzt Punkt 3.

3) Fange mit den kreisenden Bewegungen an, und setze dann mit dem Lächeln ein.

Du kommst damit aus dem Tal der Tränen heraus, und ziemlich zügig setzen angenehme Gefühle ein. Später wirst du sogar Freude erleben.

4) Führe diese Übung immer und überall durch. Auch und gerade dann, wenn es dir gut geht. Du wirst schnell ein Verlangen nach diesen Bewegungen haben. Somit wirst du deinen inneren LiFE-Kreislauf oder das Karussell mit dem inneren Licht und der positiven Magnetwirkung am Laufen halten.

Wann ist Option 2 besser für dich?

Wenn es dir selbst nicht gelingt oder du Unterstützung benötigst, dann nimm diese Unterstützung in Anspruch! Ich schaffe das Feld, damit der LIFE-Kreislauf bei dir läuft und aufrechterhalten bleibt, die innere Kraft aktiviert wird und sich bei dir dauerhaft gute Gefühle einstellen! Wenn die Seele oder unser Innerstes sich auf feine Art und Weise freuen darf, haben wir einfach mehr Spaß am Leben. Uns gelingt schlichtweg alles. Dies gilt nicht nur für den Alltag, sondern auch und gerade im Beruf. Es spielt keine Rolle, ob du Angestellter, Manager, Unternehmer, Leistungssportler oder Privatier bist! Es wird dir Spaß, Glück und tiefe Befriedigung bringen. Ich wünsche es dir von Herzen.

Fange gleich damit an!

Über den Autor

Nach dem Abitur hat er eine Bank- und Versicherungsausbildung sowie ein Musikstudium, später ein Psychologiestudium absolviert. Zügig führte ihn sein Weg in die Selbstständigkeit, und er arbeitete äußerst erfolgreich im Finanz- und Immobiliengeschäft, sowohl in der Beratung als auch im Aufbau von Strukturen. Mit 30 Jahren musste er eine körperliche und seelische Zäsur in seinem Leben erfahren, die den Beginn für sein künftiges berufliches wie persönliches Wirken darstellte. Er studierte, theoretisch wie praktisch, lange Jahre Feng-Shui (mit Architektur, Design, Physiognomie, Akupunktur, TCM) und erfuhr, was Energie bedeutet und wie sie im Leben zur Anwendung gebracht wird. Er wurde intensiv in die Wirkungsweise von Kraftfeldern unter der Erde eingeführt und kann sie heute neutralisieren oder bewusst integrieren. Sein Wissen hat er jahrelang in der Planung und im Bau von Immobilien sowie im Design angewandt.

Seit 30 Jahren beschäftigt ihn die Frage, wie Menschen trotz gleicher oder sehr ähnlicher beruflicher und sozialer Grundlagen so unterschiedliche Lebenserfahrungen durchlaufen. Seit fünf Jahren ist er in der Lage, in Menschen (quasi) hineinzuschauen und sieht die Glaubenssätze, Bilder und destruktive Informationen, die magnetisch wirken. Hierbei ist ihm aufgefallen, dass die Menschen Häuser bewohnen, die ihren Mustern entsprechen.

Heute hält er u. a. hierzu Vorträge, berät Unternehmen, Sportvereine, Privatpersonen, plant sowie baut vitale Häuser und sorgt dafür, dass Menschen vollständig von ihren sabotierenden Mustern befreit werden, um förderliche Programme und Stärken installieren zu können.

Es ist ihm ein Anliegen, den Menschen die "Macht der Lebensgesetze" zu vermitteln, um ein glückliches, zufriedenes und begeisterndes Leben zu führen. Wer diese Prinzipien beherrscht, wird das Leben führen, das er möchte!

Sie können ihn gerne unter folgender E-Mail-Adresse kontaktieren:

christian-scheurer@t-online.de

Oder schreiben Sie ihn an:
Christian Scheurer
Am Wiesgraben 5
67245 Lambsheim

256 Seiten, 2-fbg.,
broschiert
ISBN 978-3-89845-394-3
€ [D] 16,95

Jessica Lütge

Die spirituelle Schatzkiste für Familien
111 Ideen und Spiele

Geborgenheit und Liebe in der Familie können durch kleine Zeichen der Gemeinsamkeit, gemeinsame Rituale oder spontane Überraschungen entstehen.

In diesem Buch erfahren Sie, wie Sie sich als Familie gemeinsam wahrnehmen, spüren und sich spielerisch und lichtvoll vertrauen. Sie finden viele Ideen, Spiele, gemeinsame Entspannungsangebote und Wohlfühlmomente. Manche bringen ganz schnell wieder frische Energie, andere zaubern ganz viele glückliche Momente und wieder andere lassen ein besonderes Gemeinschaftsgefühl entstehen. Das Schöne daran: Sie können alle Angebote mit Ihren Kindern gemeinsam ausprobieren.

128 Seiten, 2-fbg.,
broschiert
ISBN 978-3-89845-429-2
€ [D] 12,95

Lena

Für Dich und Dein Herz
Geh Deinen Weg – Ein Kristallkind erzählt

Lena ist eine Autorin der besonderen Art: Als Kristallkind schreibt sie nicht mit dem überlegenden Verstand, sondern mit dem fühlenden Herzen ... Und hier ebnet sie Dir den Weg, damit auch Du Deinem Herzen folgen kannst.

Wenn Du Dein Herz als Deinen Lehrer, Deinen Wegweiser, als Deinen allerbesten Freund annimmst, wenn Du Dich traust und Dein Herz fragst, wird es Dir verraten, wie Du glücklich werden kannst.

Lena zeigt Dir, wie es klappt, mit Deinem Herzen Kontakt aufzunehmen, es zu fühlen, es zu hören und von ihm zu lernen.

192 Seiten, broschiert
ISBN 978-3-89845-393-6
€ [D] 14,95

Gabriele~Saskia Drungowski

Das Beste für dich
Der Weg vom Unbewussten zum Bewussten

Öffnen Sie Tür zu Ihren innersten Räumen, in denen Sie Erstaunliches über sich selbst und Ihre Beziehungen erfahren. Dieses Wissen hilft Ihnen, sich selbst wahrhaft zu erkennen und Ihr eigenes Leben in die Hand zu nehmen, ja sogar die Welt zu verändern.

Die praktischen Anleitungen, Übungen und Meditationen in diesem Buch unterstützen Sie zu begreifen, wer Sie eigentlich sind. Dank dieses Wissens stehen Sie am Anfang einer ungeahnt tiefen Bewusstheit, die alles umfasst, was Sie für Ihr Leben und Ihren eigenen Weg benötigen.

120 Seiten, broschiert
ISBN 978-3-89845-426-1
€ [D] 6,95

Sabine Kühn

Jetzt Sein

Bewusst im Hier und Jetzt leben

Es gibt Zeiten, in denen nichts so läuft, wie man es sich vorstellt, und in denen man unglaublich unter Druck steht. Man ist gestresst, hektisch und man ist alles andere als zentriert. Fast jeder kennt diese Situationen – doch wie dagegensteuern?

Sabine Kühn hat eine Lösung gefunden, die Sie auf einen Pfad führt, der Sie um den drohenden Burn-out leitet. Etwas Einfaches. Etwas Schnelles. Damit kehrt die Struktur wieder in Ihr Leben zurück, ebenso der klare Kopf, der es Ihnen ermöglicht, die Ursachen des Stresses zu erkennen und ihn leichter abzubauen. Die Kraft des "JETZT SEIN" hilft Ihnen, sich zu zentrieren, um wieder Kraft, Ruhe und Gelassenheit zu finden.

Mit vielen praktischen Übungen.

160 Seiten, broschiert
ISBN 978-3-89845-395-0
€ [D] 6,95

Kurt Tepperwein

In der Mitte deiner Gefühle

Unser ganzes Leben besteht aus Beziehungen, und ob wir wollen oder nicht, Beziehungen lösen immer wieder Emotionen in uns aus. Doch kaum ein Mensch hat noch einen unverfälschten Zugang zu seinen Gefühlen.

Kurt Tepperwein lädt Sie ein, sich näher auf Ihre Gefühle einzulassen. Sie erhalten nicht nur den Schlüssel, um Ihre eigenen Gefühle zu transformieren, sondern auch wertvolle Hilfen, um mit den Emotionen Ihrer Mitmenschen, wie Ärger, Eifersucht oder Zorn, souverän umzugehen. Durch die bewusste Handhabung der Gefühle entwickeln Sie eine immer stärkere emotionale Kompetenz und gelangen schließlich zur emotionalen Freiheit.

152 Seiten, broschiert
ISBN 978-3-89845-266-3
€ [D] 6,95

Franziska Krattinger

Die 7 universellen Gesetze
Spielregeln für ein Leben in Vielfalt

Das Leben folgt universellen Gesetzen. Wer diese begreift, kann sich alle Lebensformen, Situationen und Realitäten erklären. Diese universellen Gesetze gelten auf allen Ebenen und in allen Bereichen. Niemand kann sich ihnen entziehen.

Dieses Handbuch vermittelt durch praktische Übungen und gelebte Beispiele aus dem Alltag die entscheidenden Spielregeln für ein Leben in Fülle! Es zeigt, wie man seine Kraft am besten einsetzt, um seine Ziele stets zu erreichen. Die beschriebenen Gesetze gelten für alle – und wer sie beherrscht, ist somit Herr über seine Realität.

160 Seiten, gebunden
ISBN 978-3-89845-378-3
€ [D] 14.95

Elisabeth Kübler-Ross

Lebe jetzt und über den Tod hinaus

Die Schweizer Ärztin Dr. Elisabeth Kübler-Ross ist eine der bekanntesten Ärztinnen unserer Zeit und die Begründerin der modernen Sterbeforschung. Ihre Definition der heute wissenschaftlich anerkannten fünf Phasen des Sterbens revolutionierte die Forschung. Für ihre weltweit geschätzte Arbeit erhielt sie 20 Ehrendoktortitel an verschiedenen Universitäten und wurde vom TIME Magazine zu den »100 größten Wissenschaftlern und Denkern des 20. Jahrhunderts« gewählt.

In diesem wegweisenden Buch offenbart uns Elisabeth Kübler-Ross die Antwort auf die wohl wichtigste Frage über das Leben und den Tod: Wie können wir unser jetziges Leben gestalten, um es mit dem Sterben zu versöhnen?

160 Seiten, Klappenbr.
ISBN 978-3-89845-337-0
€ [D] 12.90

Dr. Christina Donnell

Schöpferisches Träumen
Zugang zu unserem unendlichen Sein

Träume offenbaren verborgene transzendentale Fähigkeiten: Diese überraschende Erkenntnis inspirierte die amerikanische Psychologin Christina Donnell zu diesem mehrfach ausgezeichneten Buch, das zu einem radikal neuen Traumverständnis führt. In klarer, sachlicher Sprache schildert sie den Traum als Reiseführer auf dem Pfad zu einem höheren Bewusstsein.

Je offensichtlicher verborgene transzendentale Fähigkeiten werden, umso deutlicher erkennt man auch, wie man in seinen Träumen allmählich in einen Zustand des Einsseins mit der ganzen Schöpfung gerät – ein Bewusstsein, das in allen Menschen schlummert und nur darauf wartet, geweckt zu werden.

160 Seiten, gebunden
ISBN 978-3-89845-388-2
€ [D] 14.95

Mark L. Prophet

Handbuch des spirituellen Wachstums

In diesem wunderbaren Buch erfahren wir, dass Spiritualität ihr wahres Gesicht im Alltag offenbart. Mark Prophet erklärt uns fast spielerisch, wie und warum wir unsere Welt mit neuen Augen betrachten können und dass unsere Suche nach dem Sinn des Lebens zwar eine Herausforderung ist, die aber auch Spaß machen sollte. Lesen Sie, wie erfrischend es sein kann, über sich selbst in all Ihrer Menschlichkeit zu lachen, und wie sehr es Sie erhebt, wenn Sie die Weisheit Ihres Höchsten Selbst in den Rhythmus des Alltags einbringen.

Im *Handbuch des spirituellen Wachstums* erhalten wir endlich die Antwort auf unsere intimsten spirituellen Fragen.

Weiterführende Informationen zu
Büchern, Autoren und den Aktivitäten
des Silberschnur Verlages erhalten Sie unter:
www.silberschnur.de

Natürlich können Sie uns auch gerne den
Antwort-Coupon aus dem beiliegenden
Lesezeichenflyer zusenden.

Ihr Interesse wird belohnt!